NOSAKA Akiyuki

Nosaka aime les chats

Traduit du japonais par Jacques Lalloz

Éditions Philippe Picquier

DU MÊME AUTEUR
AUX ÉDITIONS PHILIPPE PICQUIER

Le Dessin au sable
Les Pornographes
La Tombe des lucioles
La Vigne des morts sur le col des dieux décharnés

Titre original : *Wagahai wa neko ga suki*

Mas de Vert
B.P. 20150
13631 Arles cedex
www.editions-picquier.fr

Edition française publiée avec l'autorisation
de Akiyuki Nosaka, par l'intermédiaire
du Bureau des Copyrights Français, Tokyo

Conception graphique : Picquier & Protière

En couverture : Dessins de l'auteur © Akiyuki Nosaka

Mise en page : Christiane Canezza – Marseille

ISBN : 978-2-8097-1315-2
ISSN : 1251-6607

Mon premier chat, Dada

Enfant, je n'avais que des chiens dans mon entourage immédiat. Envers les chats, j'avais un préjugé, un peu comme les gamins vis-à-vis d'un plat auquel ils n'ont jamais goûté, je ne peux pas dire que je les maltraitais, je n'en avais même jamais touché un seul. Il n'y en avait pas non plus chez mes petits camarades.

Printemps 1947, période de privations, nous avions perdu notre maison dans les bombardements, trouvé refuge dans la banlieue d'Osaka. Là, chez les fermiers dont les affaires étaient florissantes, le dernier chic était d'avoir des pointers, sans qu'on sût d'ailleurs où ils se procuraient les chiots.

Les chiens que j'avais eus à Kôbe étaient tous des bâtards : l'un d'eux, de petite taille, que nous dûmes faire piquer en 1942, répondait au nom de Bell. Ensuite, avec la guerre qui s'intensifiait, les chiens se firent rares en ville, jusqu'à disparaître tout à fait de notre vue. Néanmoins, quand survenait un raid de bombardiers, on percevait des aboiements au loin, comme si ces bêtes retenaient leur souffle aux confins de la ville.

Les pointers étaient tenus en laisse dans la cour des fermes. C'est aux alentours du moment où j'aperçus leurs silhouettes détonantes dans ce genre de décor qu'un chat errant fit son apparition dans ma vie. Chez le camarade à qui j'étais venu rendre visite, j'eus la surprise de découvrir cet animal tout proche, dirigeant vers moi un regard de travers. Ventre creux comme je l'étais, je n'avais rien à lui donner à manger, mais je m'approchai, foulant ce qui semblait être son territoire de chat, je le cherchai du regard, sans vraiment d'intention. J'ignorais quel était son nom. Six mois plus tard, comme il avait été décidé que nous quittions Osaka, je vins chez mon ami pour lui faire mes adieux, lorsque l'animal arriva. Mon ami avait décrété qu'il s'agissait d'un mâle.

Je partais en pensant ne jamais revenir, et nous marchions tous deux en direction de la gare lorsque je m'avisai que Maître chat de gouttière nous suivait. Que ce soit une habitude de chien, je le savais, mais ne dit-on pas que dans la gent féline on n'en fait qu'à sa tête et on se tient à carreau avec les inconnus ?

Il gardait ses distances, se dissimulait dans l'ombre d'une baraque pour réapparaître en haut d'un mur, et lorsque nous arrivâmes dans la grand-rue, je le vis se laisser tomber résolument sur son derrière et entreprendre de lustrer sa robe. De mon côté, quelque peu ému, je voulus lui faire une manière d'adieux mais je n'avais pas fait deux pas que déjà il s'était carapaté.

Trois ans passèrent, je retournai au village, lequel avait entre-temps acquis le statut de ville. Malade, mon ami était hospitalisé. La situation familiale faisait qu'il ne recevait guère de visites, devinai-je. Je me rendis chez lui afin de chercher des livres qu'il m'avait demandé de lui apporter, tombai sur ce fameux chat, devant sa chambre. Tous ses poils étaient à présent cendrés et il s'était passablement arrondi, ce que j'attribuai au fait qu'on trouvait plus aisément à se nourrir.

Il ne m'accorda pas un regard; impossible, cela va sans dire, que mon ami le garde près de lui à l'hôpital, mais il serait sans doute content si je le lui amenais, songeai-je, même si je ne voyais pas clairement quel genre de relation les unissait.

C'était ma première expérience et je ne savais pas comment m'y prendre. Dada, c'est le nom que nous lui avions donné, disparut dans la maison à je ne sais combien de reprises ; chaque fois, panique générale. Encore tout menu, il se glissait par les interstices les plus étonnants dans les endroits les plus improbables, puis resurgissait tel un ninja, indifférent à l'émotion qu'il provoquait chez les humains, lapait son lait et s'endormait d'un coup.

Vint pour lui le moment de prendre femme. De quelque quatre mois plus jeune, Anju était elle aussi une minuscule boule de poils. Notre mâle Dada ignorait que c'était là sa future compagne, lui témoignait beaucoup d'attentions, se couchait gentiment à son côté. Passons sur l'affolement qui fut le sien lorsque sa protégée se mit à le téter…

Je suis tenté d'estimer à pas moins de quinze ou seize les petits nés des amours de Dada et d'Anju. Nous n'avons gardé qu'une femelle, tous les autres ont été donnés. Là-dessus, heureux événement entre Dada et sa propre fille. Rebelote ensuite avec celle qui n'était autre que sa petite-fille, enfin avec son arrière-petite-fille, comme quoi il multipliait sa progéniture à l'instar d'un dieu de l'Olympe. Fût-ce de mettre trop de cœur à l'ouvrage, arrivé à sa septième ou huitième année, il prit un brutal coup de vieux, la fière crinière léonine qu'il arborait jusque-là se raréfia à l'arrivée de la saison froide, la chassie envahit ses yeux, sans pour autant qu'il perde de son énergie à défendre son territoire.

Un matin de février de je ne sais quelle année, Dada, désormais le plus souvent dans mon bureau, manifesta activement l'envie de sortir de la maison. Dehors, le sol était couvert de neige.

Si, comme dans la chanson ancienne, les chats, aux jours neigeux, demeurent confortablement blottis sous la table chauffante, les volumineuses boules de poils que sont les himalayens s'en donnent à cœur joie dehors en jouant les chasse-neige.

Dada se distinguait particulièrement par son amour de la neige. Avec l'idée de le laisser sortir, je jetai un œil vers lui, il me renvoya un regard insistant. J'eus alors la révélation : il voulait chercher un endroit où mourir. J'aurais pu le laisser à la maison, mais j'assumai et poussai la porte vitrée.

Il s'éloigna sur la neige peu abondante sans cesser de regarder par-dessus son épaule, disparut derrière un massif de fleurs, pour ne plus revenir.

Les animaux, dit-on, sentent venir la fin avec sérénité, ils se dissimulent pour mourir en sorte de ne pas laisser leur cadavre exposé à la vue de tous. J'ai fait deux fois cette expérience avec mes chiens. Cependant, bien que la comparaison soit malvenue, c'est Dada qui s'est montré le plus beau et courageux, le plus déterminé à l'heure fatidique. Quant à Anju, elle ne tarda pas à le suivre : renversée par une voiture, elle fut heurtée à la tête, revint toutefois jusqu'à la maison, et là, bascula sur le flanc.

Aujourd'hui vivent sous ce toit cinq chats et une chienne. Si cette dernière est un husky démonstratif en diable, ce qui n'est pas pour me déplaire, mes himalayens offrent pour leur part un large éventail de caractères et de tailles. Les chattes sont des mégères typiques. Quant aux mâles, bien que râblés, ils paraissent plutôt faiblards. Ils sont en permanence dans les jupes de ma femme, peut-être sont-ils dans l'air du temps. Peu amènes à leur endroit, mes filles les traitent de « fifils à maman ». Pour ma part, j'ai plaisir à les voir dormir affectueusement serrés les uns contre les autres, ou se bousculant sur la table de la cuisine dans l'attente de quelque chose à manger. Je m'oublie chaque fois à sourire. Par ailleurs, deux chats errants vivent aussi à l'extérieur. Je soupçonne l'un d'eux de se faire entretenir à mi-temps en divers endroits du quartier, car lorsque, surgi à l'improviste d'un de ses endroits dont il a le secret, il m'aperçoit, il se met à lisser son poil, l'air un brin embarrassé.

Tout fifils à maman qu'il est, l'un de nos mâles entend vraisemblablement afficher qu'il est chez lui en épandant son odeur partout dans la maison, tout objet nouveau qu'il découvre sur le sol bénéficie de ce traitement. Un ballon de rugby à demi dégonflé me fait un oreiller idéal pour ma sieste. Si je commets l'étourderie de le laisser ensuite sur place, je le retrouve immanquablement compissé. Depuis cinq ou six ans, j'ai cessé de perdre mes cheveux en haut du crâne, peut-être, me dis-je, que ce qu'il dépose dans le creux de ce ballon-urinoir possède des vertus anticalvitie. Si tel est le cas, voilà qui serait tout bénéfice.

La demeure des chats

Jusque voici quarante ans, l'énergie de l'archipel était supportée souterrainement par son industrie houillère et sa main-d'œuvre de gueules noires fut logée dans des corons appelés *tanjû* à partir du milieu des années 1930 : maisons basses en bois, « 2 pièces-cuisine » dirait-on aujourd'hui. Un habitat qui laissait pour le moins à désirer, au sein duquel j'ai eu brièvement l'occasion de travailler, tandis que le charbon entamait son déclin, dans une modeste mine du Chikuhô, le bassin du Kyûshû le plus tôt guetté par les fermetures.

J'ignore ce qu'il en était durant la période de pleine prospérité, mais ce qui me frappa le plus dans ces logis aux murs effondrés et aux nattes éventrées, ce fut leur population de chiens et de chats, ainsi que les étagères à bonsaïs. Quand j'aurai dit que c'étaient là les seules distractions du lieu, j'aurai tout dit, quoi qu'il en soit, j'avais l'impression que chiens et chats étaient l'objet de soins de toute la communauté, les chats tout spécialement, qui se dissimulaient partout alentour, des vagabonds qui révélaient un fort taux de métissage de ce qu'on nomme persans de race et dont j'apercevais les silhouettes empreintes de distinction, quoique dégageant une impression de bêtes fauves, sur les toits comme dans les venelles de cette dévastation qui avait été une petite ville, une présence surprenante non pas tant par son incongruité que par ce qu'elle évoquait de détresse chez ceux dont le sort était désormais jeté, et pour eux, matin et soir, des vieillards, étonnamment nombreux comparés à ceux de la cité voisine, déposaient à manger à endroits fixes. Aux restes traditionnels de repas se mêlaient souvent des nouilles.

Arriva la fermeture du puits, le chômage pour tous les travailleurs, aggravé encore par la nécessité d'évacuer le logis. Finalement, bon nombre bénéficièrent de l'aide sociale, de l'aide au logement, et partirent vivre en ville. Impossible de garder un animal quand on vit en appartement, qu'allaient devenir leurs chiens ou chats après leur départ, il n'existait aucun endroit à proximité où l'on voudrait bien leur donner des restes de repas. Les chiens avaient toujours la possibilité de s'en aller, d'errer dans la nature, les chats, en principe, resteraient sur place. Les humains de toute cette région du Chikuhô, il est vrai, étaient confrontés à quantité de problèmes d'une autre gravité et il n'y avait personne d'autre pour se préoccuper d'eux, mais une fois la mine fermée, je me rendis à plusieurs reprises dans les anciennes habitations désormais totalement désertées par leurs anciens occupants, et si je trouvai moins de chiens, en revanche, les chats demeuraient tels que je les avais connus, discrets et bien portants. Même pas amaigris. Le poil bien lustré, comme chez eux dans les courées où il n'y avait plus ni portes, ni *shôji*, ni nattes, ni *fusuma*. Par-ci par-là, des restes de pâtée déposée peu avant. On m'apprit qu'elle était préparée par un vieillard, ancienne gueule noire au chômage, ou plutôt subsistant de l'aide sociale, qui s'oubliait dans l'alcool toute la sainte journée et venait à vélo jusqu'à son ancien logis une fois par jour, sans jamais y manquer.

A la même époque, je m'envolai pour Rome. Si la ville a longtemps été dépourvue de métro, me dit-on, c'est que partout où l'on creuse, on tombe sur des vestiges antiques. Or, un tronçon venait de voir le jour: le Forum. Piliers, sols, autels, toutes constructions de pierre rappelant la splendeur antique, enfouies sous la surface, donc passablement plus bas que le niveau du sol actuel.

L'endroit était peuplé d'une multitude de chats. Au dire de quelqu'un du cru, les Romains ne sachant comment se défaire de leurs compagnons à poil venaient les y déposer, et comme les touristes leur donnaient à manger, leur nombre ne cessait de croître. L'endroit grouillait de siamois, de chinchillas, de persans, d'abyssiniens, probablement achetés en animalerie – boutiques encore peu répandues même à Tôkyô voici une trentaine d'années –, bref, des bêtes de prix. Chez les singes, par exemple, les mâles s'affrontent souvent pour le poste de boss, mais cela ne semblait pas se produire chez les chats romains, du moment qu'ils avaient à manger. Les uns et les autres vivaient là nonchalants, dépourvus de cet aspect triste voire désemparé que présentent les chiens abandonnés.

Il y a six ans, une certaine municipalité entreprit de réaménager un îlot de maisons vétustes serrées les unes contre les autres. Alléguer la revalorisation sonne toujours bien, mais en fait il s'agissait pour les autorités de faire main basse sur les terrains et d'expédier les habitants dans des tours pour tirer le parti le plus efficace des sols libérés. Là aussi, il y avait toute une colonie féline. Personnellement, j'avais déjà des chats chez moi, je connaissais les corons, le Forum romain. Libre à eux de jouer les requins de l'immobilier, mais je m'inquiétais du sort des bêtes, je questionnai ceux qui étaient sous la menace d'une expulsion. A les entendre, on pouvait leur apporter de quoi manger.

J'allai donc négocier avec un fabricant d'aliments pour animaux de compagnie et j'appris que les articles défectueux étaient distribués à l'extérieur, principalement à des laboratoires universitaires pour leurs cobayes. Serait-il possible d'en recevoir quelques-uns ? On me l'accorda fort volontiers. A un ami vétérinaire, ancien camarade de classe, je demandai de stériliser les femelles. Après quoi, pourparlers avec les responsables de la ville. Vous entendez rénover, très bien, mais un nombre non négligeable de gens ne sont pas encore décidés à vider les lieux, leur fis-je remarquer, avant de demander qu'on laisse telle quelle au moins une de ces vieilles maisons, pour les chats, jusqu'à ce que la ville ait acquis l'ensemble des logements. De fait, allez savoir pourquoi, il se trouvait encore debout un pavillon relativement grand, tout seul au milieu de ce qui était à présent un vaste terrain vague, des chats y avaient élu domicile et les anciens habitants leur apportaient de la nourriture. Aucune action à plus long terme n'était envisagée.

Tandis que l'opération stérilisation se déroulait avec le concours de deux collègues vétérinaires, nous alimentâmes donc les chats avec des croquettes de préférence aux boîtes, ce pour des raisons pratiques. Pour le reste, si nous ne pûmes obtenir la création d'une réserve féline dans le style Forum romain, la maison en question resta intouchée les deux années qui suivirent. Quand des fuites sérieuses se déclarèrent pour cause de toit branlant, quelqu'un y étendit une bâche et s'installa dans la maison, tenant compagnie à quelques centaines de chats. Pour ceux qui se retrouvaient maintenant dispersés aux quatre vents et logeaient là-haut dans les tours, il était malaisé de garder les relations qu'ils avaient auparavant. Malgré tout, grâce à ces chats laissés derrière eux, je sentais que les anciens voisins entretenaient leurs liens d'antan. Voici quatre ans, cette demeure des chats a disparu du jour au lendemain. Démolie par la municipalité. Plus de chats sur l'espace laissé vierge au-delà des palissades, aucun non plus aux environs des habitations où l'on continuait à faire de la résistance. Je connaissais la nouvelle adresse de ceux qui nourrissaient les bêtes, mais je n'ai pas eu le cœur d'aller leur rendre visite, je me suis surpris alors à évoquer la comédie musicale *Cats*. Et j'ai eu la vision chimérique de ces bêtes parties d'un même élan, je ne sais où, fonder une *Cats Commune*.

Le chaton abandonné

3 septembre, fin de journée : je cheminais avec Zizi au bord de la Kandagawa. L'été avait-il été trop chaud, lâchées non sans une certaine dose d'ostentation par les employés de la mairie d'arrondissement pour témoigner que l'eau avait été consciencieusement dépolluée, les carpes avaient un air dolent. Non, ce n'était pas la chaleur, mais probablement les pluies insuffisantes, encore que le niveau de l'eau ne se distinguait pas de celui que la rivière atteint en saison des pluies. Cette année, la chaleur a bon dos, elle est la source de tous nos maux, même s'il est vrai que la foire burlesque qui se joue entre nos politiques du quartier des ministères ne s'explique pas autrement.

Zizi a plongé le cou dans un buisson où, du fait du manque d'eau en contrebas, les feuilles sèches dominaient. Quinze jours plus tôt, elle s'était retirée de ces mêmes fourrés avec un chaton dans la gueule. Elle avait eu pour lui la délicatesse d'une mère, même si, d'en face, on devait croire voir un monstre dans ce husky sibérien de quatre ans, vingt-huit kilos, qui le soulevait entre ses interminables mandibules crocodiliennes.

A peine Zizi l'avait-elle relâché que le chaton avait bondi et pris la fuite, ne me laissant voir qu'un pelage noirâtre.

Comme elle avait de nouveau ce comportement, je me suis penché sur le buisson et j'ai perçu alors le bruit de gorge menaçant si typique des félidés. J'ai rappelé Zizi. Peu après, comme s'il la suivait inconsciemment, est apparu un petit chat brunâtre et famélique, chancelant sur ses pattes en fil de fer. Sans paraître voir ni l'énorme chienne ni l'homme qui se trouvaient devant lui, il a poursuivi sa marche trébuchante sur l'allée piétonnière, en direction de l'aval.

Non qu'il fût un nouveau-né, simplement, pattes et poitrine étaient décharnées, et la tête minuscule. Sans y penser, j'ai fait passer la laisse dans ma main droite et soulevé la petite créature. Elle n'avait pas la force de résister. Mais chaque fois qu'elle voyait Zizi, elle crachait après elle.

La chaleur avait été forte durant la journée, le chaton devait fuir les rayons du soleil en se terrant dans ce fourré. Mais il n'y avait pas d'eau à proximité. Les bassins artificiels aménagés de loin en loin, au long de la promenade, étaient asséchés depuis belle lurette. L'endroit n'était pas non plus approprié pour obtenir à manger d'un passant, ou pour trouver des détritus dans lesquels fouiller pour dégoter sa pitance.

J'ai repris ma marche avec le chat contre ma poitrine, en me demandant où je pourrais trouver un endroit salutaire pour un chaton abandonné, mais c'était perdre mon temps. Du moins ai-je réalisé que le déposer à la vue des humains équivalait à l'exposer à la merci des corbeaux, nombreux aux alentours. Je ne déteste pas spécialement la gent ailée couleur de jais, mais il m'est déjà arrivé de voir un chaton assailli par quelques-uns de ces gros becs et le spectacle n'était pas beau à voir. Plutôt que d'être réduit à un pareil état, le mieux pour lui était encore de finir dans la rivière.

Nous étions sur notre itinéraire de promenade habituel, aussi beaucoup de ceux qui connaissaient Zizi lui adressaient la parole. Ce faisant, ils s'apercevaient de la présence du chat que je portais dans mes bras. « Hé, il est bien maigre, dites-moi. » « Qu'est-ce qui t'arrive, minou ? » Je sentais qu'on s'inquiétait pour sa santé. J'ai eu aussi droit à une observation concernant mon initiative, jugée superflue.

Ma femme étant en voyage, je me suis dit que j'allais l'héberger pour la nuit et lui donner à manger tout son soûl. Nous avions déjà cinq himalayens. J'imaginais qu'il ne serait probablement pas possible d'accepter un nouveau protégé. D'une humeur massacrante, Zizi, excitée par la présence du chat, grondait et ne cessait de tirer sur sa laisse pour se ruer sur lui.

Une fois rentré, j'ai emmené le chaton dans le couloir menant à mon bureau, face au jardin, et je lui ai apporté les restes de repas des himalayens : riz mêlé de miettes de saumon, *kamaboko* au surimi et nourriture pour chats. Dédaignant cette dernière, il n'a pas tardé à faire place nette de tout le reste – peut-être bien la part de deux chats adultes – avant de se pelotonner sur lui-même. Je lui ai servi de l'eau, du lait, et j'ai sorti du débarras un carton vide où j'ai répandu du gravier de litière et je l'ai déposé près de lui.

Je n'aurais su dire le nombre de jours qu'il avait, ce tigré roux. A en juger par son ossature, je lui donnais six semaines. J'avais beau repasser devant mes yeux les premiers mois de nos himalayens, je lui voyais un poil d'une opulence très différente. Les oreilles étaient singulièrement grandes, l'œil droit présentait un peu de chassie, sa queue faisait un croc, ses moustaches étaient très courtes.

Notre fille aînée est rentrée. Je lui ai expliqué la situation puis proclamé que je me faisais fort de m'occuper de lui jusqu'à ce qu'il ait assez de forces pour vivre seul. Un ton que je n'aurais jamais eu devant ma douce moitié. Le temps de marmonner un début d'explication, j'aurais encaissé cette verte réplique : « Tu veux l'adopter, oui ou non ? »

Ma fille a appelé sans tarder sa mère à l'hôtel. Le verdict qui est tombé, m'a-t-elle raconté, était : « Pas question d'un chat de gouttière ! » Puis, en réponse à son plaidoyer : « Mais il est si maigre ! – Eh bien, gardez-le. Je rentre tout de suite, de toute façon. » Pour soigner la chassie, une visite au vétérinaire s'imposait, et qu'on le fasse vacciner, au besoin ! Suivait une série de consignes débitées tambour battant : lui mettre un collier spécial antipuces, ne pas oublier que c'était un chaton et donc qu'il lui fallait une nourriture pour bébé, et surtout pas les rogatons des himalayens ! Dans la même soirée, coup de fil de ma femme : « C'est un mâle ? Une femelle ? – Je n'en sais rien. – Vérifie. »

J'ai examiné la petite bête sous toutes les coutures, mais comment aurais-je su distinguer un matou d'une femelle ? La preuve, croyant dur comme fer qu'un des himalayens était de sexe féminin, je l'avais appelé Clara, pour apprendre après coup qu'il y avait eu méprise, si bien qu'on l'avait rebaptisé dans l'urgence Kurata.

Après examen, ma fille a conclu aussitôt que c'était un mâle, et d'ajouter, à mon intention : « J'en connais un qui a une presbytie avancée. » Selon elle, les poils étaient assez courts, elle avait trouvé sans mal. Cela ne me faisait ni chaud ni froid, encore que, à la réflexion… Hormis nos deux matous himalayens en déficit de virilité pour avoir été élevés comme des filles, tous les autres étaient des chattes, et ce nouveau venu me redonnait de l'assurance au sein de cette maisonnée à majorité féminine. « Puisque c'est un mâle, a décrété ma femme à son retour, appelons-le Charly, ça lui ira très bien. »

Charly a donc rejoint la colonie des cinq himalayens et du chien crocodilien dans le jardin ; il vit maintenant à mes côtés, fort virilement, même si l'aspect de grande maigreur qu'il présente a du mal à s'effacer.

Un demi-siècle et plus après avoir fini l'école primaire, j'ai ressorti mes crayons et j'en ai fait un dessin.

Charly pète le feu

Notre nouveau protégé Charly a maintenant pris digne figure de jeune matou et gambade par toute la maison. Des cinq himalayens indigènes, deux, qu'on peut qualifier de gros gabarits, gardent leur air méfiant et leurs distances, mais les autres l'acceptent parfois dans leurs ébats. On me dira que c'est un effet de mon imagination, mais si Charly se montre indifférent à ma présence, les trois autres, eux, me semblent détourner délibérément le regard, s'irritent même si, par exemple, je leur frotte le crâne pour les remercier d'avoir bien voulu jouer avec lui. Je me rends compte que la gent féline a sa sensibilité propre. Dans le cas présent, je ne saurais dire : susceptibilité ou bien honte de s'être oubliés à batifoler avec un mouflet ?

Il existe une herbe, la sétaire verte, que nous appelons communément *hochet-des-chats*. J'avais cueilli quelques brins de cette herbe banale qui fleurit à la fin de l'été, et je jouais en féline compagnie lorsque je me suis avisé d'une chose :

ce n'est pas tant à la fine houppe qui la termine et qu'on agite que les chats s'intéressent, mais à ses feuilles, qu'ils dévorent. Et pas seulement un tout petit comme Charly, d'ailleurs, les vieux à la silhouette de bisons aussi se sont mis à donner de petits coups de patte discrets aux deux brins laissés sur le tatami, avant d'engloutir proprement les feuilles.

On m'avait donné la raison qui fait que chats et chiens ingèrent des brins d'herbe. Or, j'ai deviné à ce moment que les hochets-des-chats ne leur servent pas uniquement à folâtrer et, n'ayons pas peur des mots, j'ai été pris d'enthousiasme devant les lois de la nature. Va pour les lois de dame Nature, en attendant, notre chaton fait preuve d'une vitalité débordante, les cloisons à *shôji* en sont témoins, elles n'offrent plus la moindre surface de papier à déchirer. En somme, celui qui dort ici se réveille avec le sentiment d'être n'importe où sauf chez lui et va de surprise en surprise comme s'il se trouvait dans un temple désaffecté perdu au fond des bois. Déchirer, ai-je dit, le mot est faible puisque ne subsiste plus que le petit-bois des croisillons, auquel est suspendu mon Charly, tel un trapéziste, regard tombant sur moi, pour sauter au bas de son perchoir et s'approcher dès qu'il me voit les yeux écarquillés. Il m'arrive d'avoir la gueule de bois. Lorsque mon regard brouillé se pose sur ses yeux en billes de loto et ses grandes oreilles, la seule idée qui émerge dans mon esprit est qu'il est magnifique – suffisance de ma part, née du fait que c'est moi qui l'ai recueilli ? Je jurerais qu'il n'est pas deux êtres au monde capables de susciter autant d'empathie. Dans l'ensemble, j'aime ce qui vit dans mon univers quotidien ; je ne dis pas qu'un cafard surgissant à l'improviste sous mon nez ne me fait pas sursauter, mais à le considérer, tapi dans son coin de cuisine, avec son air recueilli, je suis incapable de sympathie envers l'inventeur de ces pièges à cafards gluants (encore que j'aie ouï dire qu'il aurait montré de sérieux remords par la suite), comme envers ceux qui les utilisent sans état d'âme. J'aimerais qu'ils me disent le mal que leur ont fait ces petites bêtes ! Je ne vais pas jusqu'à considérer comme des frères l'ensemble des êtres de la création animale mais j'ai de l'affection pour eux. Les humains, c'est autre chose. Je ne les range pas dans la même catégorie. Quiconque regarde les yeux d'une vache, d'un cheval, d'un lapin, d'une souris, ne peut rester indifférent. Pour ma part, c'est particulièrement le cas pour le chat, je ne peux m'empêcher de penser : « Qu'as-tu dans la tête, dis-moi ? » – mais sans doute l'âge y est-il pour quelque chose. De sa branche de treillis, mon trapéziste m'observe ; au regard que je lui renvoie, il disparaît de l'autre côté avec une sorte de souffle de mépris. Autre source d'émerveillement, et c'était déjà le cas pour mes autres chats : le temps que Charly passe à la fenêtre à regarder fixement au-dehors, sans se lasser. Autrefois, une flopée d'oiseaux venaient dans notre jardin et les premiers chats que nous avons eus suivaient avec des yeux attentifs leurs évolutions, si bien que j'avais conclu, un peu hâtivement, à un vestige de nature sauvage, mais aujourd'hui, presque aucun ne se pose. Cela n'empêche nullement Charly de garder les yeux rivés sur le jardin, au point que je me sens gagné d'émotion devant sa silhouette splendide que je vois de dos.

On peut dire la même chose de chaque être humain, il nous est impossible de connaître notre manière de dormir, le comportement qui est le nôtre dans les bras de Morphée. A plus forte raison s'agissant des chats, rien n'indique à quoi ils pensent. Dans la nuit, Charly, qui d'ordinaire m'approche peu, s'est faufilé quelque part sous la couette où, par je ne sais quel mouvement de ma part, il s'est retrouvé écrasé sous mon poids. Il pousse alors un *ffhmiaô*, qui n'est ni le *hhiââ* ni le *ffsshh* habituels, pour manifester sa colère sans toutefois me griffer. J'émerge, sens tout contre moi une étrange présence. L'homme et l'animal se font face dans la lumière de la lampe de chevet. Lui ne paraît pas se soucier d'avoir subi un traitement injustifiable, il est en train de lécher sa queue qu'il a naturellement crochue. Quant à moi, sans bien savoir pourquoi, je me sens coupable. Ainsi avance la nuit automnale du vieillard et du chat.

Quand j'ai sous les yeux mes chats endormis

Ce chat trouvé de Charly ne fait pas exception, depuis quelque temps il laisse éclater sa personnalité, et bien que définir la nature d'un chat soit chose malaisée, il s'avère bougrement batailleur comparé à ses semblables.
Sur le plan physique, je dirais qu'il fait le cinquième de Midori, la plus grosse des cinq himalayens qui l'ont précédé sous ce toit, mais il n'hésite pas du tout à lui faire du rentre-dedans ; face à Neige, qui fait au moins le double de son poids, il fonce tête baissée et, s'il se fait tanner le cuir par Midori, il s'impose à celui-ci par immobilisation, enfin, quoi qu'il en soit, cela ne dégénère jamais, aucun adversaire n'en sort jamais blessé.

Depuis que le temps s'est rafraîchi, la compagnie se rassemble dans mon bureau. Traduction : la cuisine, séjour des femmes, est équipée de la climatisation.

L'été, les fruits de la technique moderne nous procurent une agréable fraîcheur, nous jouissons des bienfaits de la saison. Je ne dispose pas de cette technologie : à la saison chaude, je laisse tout ouvert, pour l'hiver, j'ai un brasero de belles dimensions et son charbon de bois m'entretient dans une douce chaleur.

Nos protégés, pour ne parler que de l'hiver, semblent préférer ce bon vieux mode de chauffage national, ils viennent prendre leurs quartiers tout autour.

D'autre part, mon bureau est bien aéré, ce qui veut dire ensoleillé, orienté au sud, et le soleil hivernal étant plus bas, c'est autant de ses rayons qui y pénètrent. Dans la journée, les six compères chats dorment affalés sur la galerie extérieure, chacun a sa pose, il n'y en a pas deux pareilles, et quand tombe le soir, ils se retrouvent blottis autour du brasero de paulownia.

Avec une curiosité que je ne vois pas à quoi attribuer sinon à son tout jeune âge, Charly a les yeux rivés sur les charbons ardents, attitude qu'il a également devant la baignoire. D'un point de vue d'homme, on estimera que c'est un jeu dangereux au plus haut point. Mais on peut toujours tirer une leçon d'une brûlure, et si je prends bien garde de fermer chaque fois la porte de la salle de bains, je ne fais rien pour la braise.

Nos deux chats qui vivent dehors, eux aussi, comme la journée est belle, sont abandonnés, toutes pattes en l'air, sur la marche de la porte de derrière.

A part ces deux-là, un autre qui ne s'entend pas avec notre Zizi est Charly, dont une porte vitrée le sépare, et l'année passe en ce que j'appellerai des querelles, le plus excité n'étant pas celui qu'on pense. Elle qui ne montre aucun intérêt pour les autres chats réagit au quart de tour devant Charly vers lequel elle gronde de sa voix bien à elle, et j'ai beau lui répéter de ne pas s'occuper de ce bout de chou, je perds ma salive.

Chez cette femelle de Zizi, il arrive que les choses deviennent sérieuses, ainsi lorsqu'arrive la saison des amours et que les prétendants sont de sortie, il faut voir la rage et l'énergie qu'elle déploie, c'en est au point que moi à qui il revient de ramener le calme, je n'en mène pas large. Bref, on comprend qu'elle n'est nullement disposée à la bagatelle. Hormis ces moments, on ne lui voit pas cette vigueur, elle a un petit air timide.

J'ai attaché Zizi et je suis allé chercher non un collier mais une laisse munie de ce que mes femmes appellent un « soutien-gorge », afin de promener Charly dans le jardin.

Il ne cessait de regarder par la fenêtre. La pelouse n'est pas bien grande, certes, mais il doit avoir envie de faire quelques pas dehors, me suis-je dit dans un élan d'affection quasi paternelle, mais à peine l'avais-je emmailloté qu'il s'est écarté d'un bond, et il refuse d'approcher. On dit que les chats ne quittent pas leur foyer. Le temps est venu de lui laisser sa liberté, il reviendra, je le sais, mais dehors, les voitures sont un tel danger…

Ne conduisant pas moi-même, je sais peu de chose de la témérité des conducteurs du beau sexe, mais en tant que piéton, il m'arrive d'avoir une peur bleue quand je marche dans la rue, et c'est chaque fois par la faute d'un véhicule conduit par une femme, je n'épiloguerai pas là-dessus, mais pour le moment je refuse de laisser Charly sortir de chez nous. Je ne suis pas qualifié pour parler vitesse, mais il faut voir l'inconscience avec laquelle ces dames tournent aux carrefours ou comment elles s'éloignent sur les chapeaux de roues en prenant les poubelles pour des quilles de bowling ; j'ai même de mes yeux vu un pigeon se faire aplatir et l'écraseuse poursuivre sa route.

Je vois que je me suis laissé entraîner un peu loin des chats, mais il faut bien dire que les êtres humains sont cruels. Comment se fait-il que des gens qui élèvent un ou des animaux chez eux – expression en soi déjà contestable, qui donc « vivent avec eux » – ne cessent de se quereller comme on le voit si souvent ? Entre nations, on parle de guerre, entre confessions, tribus, cultures, c'est la jalousie, c'est l'envie, c'est la rancœur, et moi qui contemple mes chats plongés dans le sommeil autour du brasero, j'ai conscience d'être un peu primitif, car même si c'est moi qui assure leur bien-être, j'avoue qu'ils me font envie.

Autour de la maison vivent aussi des serpents, des crapauds qui grouillent sous les feuilles mortes, des tritons, en couples réguliers ceux-là, il y en a même trois, s'il vous plaît, et je ne compte ni les souris ni les cafards.

Les souris sont les messagères du dieu de la fertilité Daikoku. Laissons de côté les périodes passées où la peste sévissait, faisons abstraction de celles où elles mangeaient le riz durement entreposé dans les greniers, et interrogeons-nous. Quel mal y a-t-il à ce qu'elles vivent sous le même toit que nous ? Et les cafards, quel mal font-ils ? Ils sont simplement la preuve vivante de la malpropreté des hommes, ce sont d'innocents insectes.

Il se peut qu'en face, on se dise que sans les humains on ne pourrait pas vivre, mais pour ce qui nous concerne nous autres humains, je suis d'avis qu'il vaut mieux vivre en compagnie des souris, des cafards, des mouches, des moustiques, des puces, des poux et autres acariens. Je sais bien que le typhus exanthématique que nous avons connu à la sortie de la guerre était transmis par les poux ; j'ai aussi entendu dire que les tiques sont une des causes de l'atopie. Mais le typhus exanthématique, autrement dit, la prolifération brutale des poux, a sa source dans la guerre ; l'atopie, elle, est signe que le corps humain actuel manque de résistance. Une alimentation saine doit y remédier. Même chose pour les parasites. Pour quelle raison l'homme est-il le seul à rouler des mécaniques en se prétendant roi de la Création ? Je vis dans une maison dévastée par un chien et des chats. Eh bien, je crois que c'est encore du luxe. Elle est envahie de puces, sans parler des poux. Pour autant, personne ici n'est malade.

Bêtes et hommes face à la mort

Devant la gare proche se trouve un périmètre sur lequel ont été bâtis des pavillons témoins. C'est un véritable dédale que je n'ai jamais vraiment visité dans le détail, mais si je compare le standing de ces constructions avec celui d'avant-guerre, je me dis qu'on a là de magnifiques résidences. Durant les cinquante années qui ont suivi la fin de la guerre, d'un côté on exaltait les vertus de la puissance riche de sa monnaie forte, on chantait sa prospérité, de l'autre on ne cessait de critiquer les conditions de logement dans les grandes villes, et pourtant, dans mon souvenir, la surface par maison était plus petite avant les bombardements. Malgré tout, est-ce parce que les intérieurs étaient moins encombrés de meubles ou les relations humaines plus bienveillantes, il était alors loisible de garder pour la nuit quelqu'un qui avait trop bu, ou, pour plus longtemps, d'entretenir un pique-assiette.

Parmi ces maisons témoins ont élu domicile une bonne dizaine de chats. Les lieux semblent peu fréquentés mais la proximité de la gare fait que devant l'entrée défile une foule de passants, il y a en outre des commerces alentour, si bien que nos félidés ont pris l'habitude de s'y réunir en une bande bonhomme, dans l'attente d'un geste charitable des humains de passage. A la mi-journée, les ouvriers employés aux travaux de voirie leur donnent les restes de leur bentô bien chaud, des lycéennes un peu de leurs petits pains au lait, un homme en qui on devine un chômeur sortant d'un *pachinko* verse du lait dans un récipient à eau disposé là. Cinq ou six jeunes aux allures si peu conformistes qu'en les voyant on est tenté instinctivement de faire un détour, ont baptisé chacun d'eux et les appellent, un amuse-gueule tendu vers eux pour qu'ils le mangent. Parmi eux, joliment replets, deux ou trois sont des bêtes de race, probablement passent-ils aussi la nuit à l'abri de l'avant-toit d'un pavillon.

Depuis que j'ai recueilli Charly, je m'inquiète et suis des yeux tous les chats que j'aperçois dans la rue, quoique je ne puisse me permettre plus de fidélité à l'esprit de la protection animale. Celui-là porte-t-il un collier, je m'en félicite, à tel étonnant gaillard de matou effronté j'adresse des encouragements à continuer de vivre avec une telle vigueur, tel autre, avancé en âge, que je surprends chaque fois en train de faire le lézard au même endroit, a le don de m'évoquer ce qui me guette moi-même dans un avenir pas si lointain, et ainsi de suite avec les dizaines de chats que je rencontre sur mon territoire de promenade. Si, a priori, je ne découvre pas de cadavre d'animal dans la rue, il m'est tout de même arrivé, au début du printemps, de tomber sur un crapaud aplati par la roue d'un véhicule, sur un moineau qu'une giboulée avait vraisemblablement projeté au sol ; à l'été 1994, ce fut un pigeon sans doute victime de la canicule, les carpes de la Kanda-gawa n'étaient pas épargnées non plus, plusieurs gisaient sur le flanc dans les hauts-fonds, singulièrement boursouflées.

Les rues du quartier suivent le tracé d'anciens petits chemins entre les rizières, elles sont étroites et sinueuses, si bien que les voitures ne peuvent rouler vite. Il est probable que c'est pour cela que rien de tragique ne se produit, alors que les chats sont nombreux à traverser sans regarder à droite et à gauche. A ce propos, Anju, la compagne du premier de mes chats, Dada, a été renversée devant chez nous mais ne présentait aucune lésion externe.

A en croire Mme Minako Iijima, la patronne de la librairie Nôrakudô à Ginza, qui continue depuis des années à nourrir les chats de gouttière du quartier, le cadre de vie de ces derniers est effectivement rigoureux et ils vivent moins longtemps que leurs congénères de maison. Je me pose toutefois la question : eux aussi se dissimulent-ils à l'heure de mourir ?

Le genre humain se serait-il du jour au lendemain éveillé à l'idée de la mort, aurait-il commencé à en prendre conscience ? Un coup d'œil dans les rayonnages des librairies et l'on découvre une innombrable quantité d'ouvrages consacrés à ce thème. Les améliorations apportées à notre milieu de vie font que les plus faibles ne meurent plus, la réduction de la cellule familiale fait qu'on a moins l'occasion d'assister au décès d'un proche, qui dit « mort », de nos jours, dit d'abord mort par accident. Pour autant, l'homme est promis à cette fin, un jour ou l'autre. Quand on a mon âge, on a été témoin de la mort sous toutes ses formes, on ne s'affecte plus à l'idée de ce qui va arriver, mais ceux de la génération du premier baby-boom de l'après-guerre, les quinquagénaires d'aujourd'hui, de cette société marquée du signe de la longévité, se sont mis brusquement à se préoccuper de leur propre fin et à chercher des remèdes.

Lorsqu'on a des animaux près de soi, la mort devient un événement naturel, il n'est pas besoin d'être un grand sage pour comprendre qu'il ne s'agit que de retourner d'où l'on vient. Pour peu que, durant la prime enfance, on ait vu vivre puis mourir un animal aimé, le terrain est déjà cultivé en nous pour envisager la mort en face, bien mieux que par la lecture de cent, de mille « La mort, mode d'emploi ».

Dès qu'elles se sentent mal, les bêtes – mais je ne connais que les chiens, les chats, les petits ducs et les poissons – recherchent un coin où se dérober aux regards et attendent là, immobiles, sans manger. Quand la fin se présente, elles trépassent d'une manière aussi paisible que si elles s'endormaient. Les affres de la mort leur sont inconnues. Notre colley Dada, un beau jour, à l'âge de quatorze ans, est tombé dans un état de somnolence, puis, après un fort grondement, ses pattes se sont agitées deux ou trois fois, avec violence, on l'aurait cru filant à travers le désert, et il a rendu son dernier souffle. C'est le seul de nos compagnons qui ait remué au moment de mourir. Comme Oscar, notre bouledogue, souffrait d'un épanchement de liquide abdominal, nous lui avons fait faire une ponction, après quoi il est mort paisiblement. Pour les autres, nous n'avons jamais fait appel au vétérinaire lorsque nous avons compris qu'ils étaient sur le point de mourir.

Chacun d'entre nous étant libre de frayer avec les bêtes de la façon qu'il veut, je ne voudrais pas crier au scandale, mais j'observe qu'au jour d'aujourd'hui on fait opérer son chat malade, injecter des antibiotiques à son chien, administrer des calmants à son animal irrité.

Auparavant, l'homme lui-même quittait ce bas monde sans violenter la nature, ni ne se révoltait contre son sort. A mon avis, en ces temps-là, lui aussi s'éteignait sans connaître véritablement les tourments des derniers instants. Je ne suis pas contre le fait que, de nos jours, les avancées de la science permettent de soigner les maladies difficilement curables, que les morts prématurées soient moins nombreuses, pour le plus grand bonheur des parents, je n'en doute pas. Passe encore pour le genre humain, mais pour ce qui touche à nos amies les bêtes de compagnie, je suis d'avis que nous devrions nous borner à prévenir les contagions, éliminer les parasites externes et internes, et nous en remettre aux facultés de guérison naturelles dont elles sont pourvues.

A en juger par la manière dont les animaux meurent, j'ai le sentiment que la différence entre les hommes et les bêtes réside dans leur relation à la mort plutôt que dans le fait que les premiers disposent de la parole et des outils, et s'entretuent de façon absurde.

Il y a cinquante ans, les chats

Un de mes livres s'intitule *Contes de guerre*. Je l'ai écrit il y a vingt-cinq ans, chaque récit compte vingt pages. Chacun débute par « 15 août 1945 ».

L'ensemble se compose de douze récits, et vers la moitié, les personnages principaux sont des animaux en tout genre : baleine, louve, éléphant, cheval, cafard et autres, mais il n'y a ni chat ni chien.

Vers la fin de la guerre, ces compagnons emblématiques de l'homme que sont les chats et les chiens étaient absents, du moins autour de moi ; bien sûr, puisqu'il s'agit de contes, que j'en aie eu ou non dans mon voisinage importait peu, mais nous avions été si peu familiers jusque-là, eux et moi, qu'il m'était difficile de les mettre en scène.

Quant à la raison de la disparition des chiens et des chats, elle réside dans la nourriture.

Quiconque a la faim au ventre ne peut entretenir d'animal.

De ces bêtes, disparues de mon entourage à partir de l'année 1944, il me reste encore aujourd'hui deux souvenirs très vifs. Dans le premier, j'ai été chassé de notre maison incendiée par les bombes, je suis en train de fuir à toutes jambes en direction des hauteurs auxquelles Kôbe est adossée, je perçois des aboiements lointains, un chien, à travers les vrombissements des bombes incendiaires qui pleuvent autour de moi. Saisi d'effroi au milieu de ce déluge de feu, frappé par l'idée qu'il y avait encore ce chien, je me disais qu'il risquait d'être brûlé vif s'il était resté attaché.

Ses maîtres l'ont-ils détaché ? m'inquiétais-je.

Je n'apercevais ni chien ni chat dans ce qui se présentait sous mes yeux comme un vaste champ de décombres brûlants.

J'étais persuadé qu'il n'y en avait pas.

Et pourtant, alors que je regardais la télé qui retransmettait le désastre que le tremblement de terre a provoqué récemment à Kôbe et dans la périphérie, la caméra a fait surgir devant moi, de sous les cendres d'une maison incendiée, un chat atteint de brûlures légères qui sortait en chancelant à l'appel de son maître.

J'exagère un peu en parlant de cendres car les piliers et les murs étaient encore debout, calcinés, mais il n'empêche, où ce diable de chat miraculé avait-il donc pu s'abriter des flammes ?

Et j'étais là à le contempler, soufflé par une telle vitalité, lorsque je me suis souvenu.

Cinquante ans auparavant, au milieu d'un semblable champ de ruines, j'avais vu deux chats.

J'ai commencé à avoir des chats longtemps après la fin de la guerre, enfant, je n'avais pour ainsi dire pas d'intérêt pour eux, et il n'y en avait ni chez mes camarades ni parmi la parenté.

Tout juste avais-je entendu les grandes personnes se plaindre de la prolifération des souris et chercher quelqu'un à qui emprunter son chat.

Je n'ai pas de souvenir d'enfance associé à des chats de gouttière.

J'imagine que, pour toutes ces raisons, je n'ai pas réagi à la présence de ces deux bêtes au milieu des décombres.

Celui que je voyais à l'écran émerger en chancelant, le poil roussi, était probablement un chat au pelage tricolore. La vue de l'animal se mettant à faire sa toilette au soleil, sans marquer plus que cela de reconnaissance pour son maître qui n'avait cessé de le rechercher, venait d'en rappeler à ma mémoire deux autres, qui avaient totalement disparu de la scène de désolation fumante vieille d'un demi-siècle.

Le premier chat était perché sur un abri antiaérien abandonné.

A l'époque, il y avait en maints endroits, au bord des rues, des cavités de dimensions et de formes diverses, creusées pour se protéger de la pluie de feu qui s'abattait sur nous, avec une seule ouverture pour l'entrée, et chapeautées non d'un toit mais plus exactement d'une couverture grossière. Quant à savoir si ces tranchées étaient utiles à quelque chose, il suffisait que les flammes gagnent l'endroit pour réduire leur rôle à rien. Impossible d'y vivre, l'eau de pluie s'accumulait au fond.

J'imagine que ces abris permettaient aux chats de se mettre à couvert de la pluie, mais qu'en était-il de la nourriture ? On n'y trouvait aucun insecte, quant aux souris, n'en parlons pas. Par contre, ils étaient infestés de moustiques.

Le second chat avait grimpé dans un arbre de la cour de l'école.

De tout temps, les établissements scolaires de quartier ont servi de refuges d'urgence en cas de désastre.

Immédiatement après les bombardements, les sinistrés y convergeaient avec ce qu'ils avaient sur le dos, puis, comme en ces années-là, à la différence d'aujourd'hui, tout le monde avait de la famille en province, en trois jours tout au plus les uns et les autres trouvaient leur salut quelque part ailleurs. J'étais resté tout seul et je m'amusais à faire des rétablissements arrière à la barre fixe installée dans un coin de la cour. A un moment, j'ai aperçu un chat assis bien tranquille sur une branche de cerisier, en train de regarder d'un œil qui m'a semblé sardonique les bêtises qu'était en train de faire le petit humain; enfin, c'est là la vision plutôt forcée que j'en ai à présent, car, en ces années-là, je ne pouvais sûrement pas porter un tel jugement sur l'expression d'un chat.

Ce qui provoquait ma surprise, ce n'est pas tant le fait que ces deux chats venaient soudain de revenir à la vie grâce aux images que la télé transmettait de la catastrophe de Kôbe, mais plutôt celui de les voir ressurgir du fond de ma mémoire. Je n'irai pas jusqu'à m'inquiéter après coup de ce qu'ils sont devenus, mais je me dis que si je m'étais souvenu d'eux comme il eût été normal que je le fasse, ce sont eux que j'aurais introduits dans l'un de mes *Contes de guerre*, de préférence au chien dont j'avais perçu le lointain aboi au milieu des décombres.

Que ce soient les chats qui avaient élu domicile dans les abris désertés du champ de ruines incendiées et abandonnées par les hommes, que ce soit cet autre aperçu, après avoir vu pleuvoir les bombes – la glycine était alors en pleine floraison –, mangeant de ses fleurs et se chauffant au soleil sur le treillage qui la supportait, indifférent à la pagaille qui régnait parmi les humains. En comparaison, la bande de chats qui hante notre maison ne sait faire que se goinfrer de nourriture et passer son temps à dormir dans les poses les plus inconvenantes. Ce n'est pas une sinécure que de rédiger des *Contes de paix*.

Husky et chats

Quelque chose comme six mois ont passé depuis que j'ai recueilli le chaton abandonné et voué à la mort, je dirais, plutôt que chat errant, nommé Charly.

Nous avions déjà cinq himalayens et, à son arrivée, je me suis fait du mouron, mais la petite bande ignorait depuis sa naissance ce que c'est que se battre pour gagner sa pitance.

Dans l'ensemble, ce sont des bêtes paisibles.

Charly devait avoir dans les trois semaines lorsque je l'ai ramené. Je ne sais rien de son passé, mais lorsque je l'ai soulevé dans mes mains en coupe, il a sifflé, menaçant.

Les chats aussi ont leur caractère.

Dada, le premier de mes chats, a disparu subitement. Très affaibli, il réclamait pour que je le laisse sortir, ce que j'ai fait, et il n'est jamais revenu. Au moment de lui ouvrir, je sentais qu'il était disposé à mourir, je n'ai pas vu son cadavre mais je pense à lui avec une pointe d'émotion.

C'était un chat d'une mâle énergie. Il ne s'attachait à personne. Jamais il n'a fait de mal à quiconque, néanmoins, si je me mêlais de ses affaires, par exemple si je tendais les bras pour le ramener à l'intérieur, car il était sur le chapeau d'un mur de clôture et les premières gouttes de pluie s'étaient mises à tomber, j'écopais d'un coup de griffes. Ses goûts question nourriture étaient clairement tranchés. Par ma faute, pour l'avoir élevé comme un coq en pâte : si je rapportais du chinchard séché acheté au marché de notre quartier de Shimotakaido voisin, il y faisait honneur, mais si le même poisson provenait d'un supermarché, il approchait la truffe et soudain s'intéressait à son poil qu'il se mettait à lécher. Si je lui échaudais un reste de sashimi de *fugu*, alors, il fallait voir sa mine ravie !

J'estime à quelques dizaines les rejetons de Dada. Actuellement, cinq, ici, ont de son sang dans les veines. Tout cela est d'une complexité qui m'échappe. En un mot, disons que, comme le gaillard s'est employé auprès de ses filles et petites-filles à faire croître et multiplier sa descendance, je me suis demandé, dans un moment de distraction, quel était le lien entre lui et le dénommé Kurata, et pour cela j'ai tracé une sorte d'arbre généalogique, qui ne m'a pas éclairé du tout. Kurata tient de lui sa force de caractère, Midori son tempérament de maîtresse chatte, et Neige, sa morphologie, c'est lui tout craché.

L'Angleterre est un pays où l'on pratique volontiers l'amélioration des espèces, que ce soit pour les roses ou les chiens. Ainsi ont été sélectionnés le bouledogue, dans le but de combattre les taureaux, et le terrier, qui fait l'objet de paris pour savoir qui tuera le plus de souris. Employés à telle ou telle tâche ou servant de compagnons, chiens de garde, chiens militaires, chiens de sauvetage – ceux qui sont intervenus lors du tremblement de terre de Kôbe venaient de Suisse –, en un mot, les rapports aux chiens et aux chats en Europe sont radicalement différents de chez nous.

Lorsqu'on regarde un chat, on se dit qu'en affinant les caractéristiques de sa race, il serait possible d'obtenir des individus fougueux, ou bien d'allure majestueuse, par exemple, pour ne pas parler du comportement avec les humains.

Charly appartient, à ce qu'on m'a dit, au genre tigré.

Il mange de tout mais raffole de poisson, ce qui me fait m'interroger sur ses antécédents familiaux. Qu'un chat bondisse sur une poule, soit, mais j'ai peine à imaginer celui-ci en train de pêcher, à l'image d'un ours attrapant un saumon remontant la rivière. Encore qu'il fasse preuve d'une réelle curiosité pour la baignoire de la salle de bains, à côté de laquelle il se tient, sans bouger, suivant des yeux chacun de mes gestes pour la remplir ou la vider, plongeant même parfois une patte furtive dans l'eau chaude. Quand il n'était encore qu'un chaton, je veillais à ce qu'il ne tombe pas dedans, mais lui-même donne aujourd'hui l'impression d'être conscient du danger, autrement dit, il ne risque pas de se noyer s'il n'y a guère d'eau, et il peut nager et ressortir lorsque l'eau est à ras bord. On dirait qu'il se rend compte que le danger est dans l'entre-deux.

Et tout est à l'avenant avec le finaud, qui a aussi un tempérament fougueux. Prenez Zizi, notre husky. C'est une femelle mais qui accuse les trente-deux kilos sur la balance, tout grand gaillard que vous soyez, quand elle se précipite sur vous, elle vous fait vaciller. Quand elle fait mine d'entrer, ma bande himalayenne se met sur la défensive. Charly fait mieux, il va à sa rencontre. Pour moi qui le vois faire, il représente le sixième de la chienne (le vétérinaire l'a pesé et je sais qu'il fait cinq kilos). C'est donc comme si, avec mes soixante-deux kilos, je m'en prenais à un adversaire qui serait deux fois plus lourd que le champion de sumo, le *yokozuna* Akebono. En même temps, je me dis que c'est un jeu entre eux. Charly y va de sa provocation, Zizi se pique au jeu. Elle est agile pour son gabarit : deux rugbymen du club universitaire ont essayé de la plaquer dans le jardin, elle leur a filé entre les mains.

Vue de la hauteur du petit Charly, la gueule de Zizi a les proportions de celle d'un crocodile. Happé, il ne s'en relèverait pas, et pourtant, il s'approche tandis qu'elle fait sa sieste, avance la patte, lui donne un coup de griffes sur la queue. C'est un plaisir pour moi de les regarder se livrer à ce petit manège. Zizi ne daigne pas réagir, l'air de se dire qu'une demi-portion pareille, ça ne mérite pas de s'y intéresser.

Enhardi, l'autre, l'imagineriez-vous ? a maintenant l'audace de grimper sur elle. Surprise, elle prend la posture d'attaque. Lui, sifflements de semonce à l'appui, ne cède pas d'un pouce.

Pour la chienne, c'est une question de dignité, aussi reprend-elle sa pose de dormeuse. Ramassé sur lui-même, tout près de l'immense gouffre, lui se lèche. C'est le genre de scène qui me tient en haleine, et je finis régulièrement par séparer les belligérants, au contraire de ma femme et de mes filles, qui n'y prêtent pas plus d'attention que cela. Réflexion faite, sur le plan morphologique, le mâle l'emporte. Pour survivre, nos compagnes, inférieures en taille, ont besoin d'une bonne dose d'audace. Au fond, le comportement casse-cou de Charly est peut-être plus aisément compréhensible pour les femmes.

Ce que j'apprends de mes chats

A vivre en compagnie d'animaux, et ceci ne se limite pas aux chats, on apprend diverses choses.

On raconte qu'immédiatement avant le tremblement de terre de Kôbe, les chiens ont présenté un comportement inhabituel, les rats ont disparu, de même que les oiseaux, pour ne citer que ces trois cas – autant de bruits qui courent depuis des siècles que la terre tremble.

Beaucoup de scientifiques se gaussent de ces rumeurs.

Quelle que soit la réalité de cette capacité animale à pressentir les séismes, il me semble que rien de tel n'a circulé à propos des chats. Ce qui pourrait s'expliquer par le fait qu'avec la vivacité et la présence d'esprit qui sont les leurs, ils n'ont pas vraiment besoin de s'alarmer d'avance pour réagir.

La plus grande leçon dont je sois redevable à mes chats porte sur leur façon de se soigner quand ils sont malades.

Des six, le plus chétif, le plus délicat, Neige, attrape souvent ce que nous autres bipèdes appelons un rhume.

Ce sont alors, par cascades, éternuements ou toux, je ne saurais dire exactement, et dans ces occasions, il délaisse sa pâtée, n'absorbe que de l'eau et reste immobile dans son coin. De nos jours, les soins administrés par les vétérinaires sont pour ainsi dire au niveau de ceux dont les humains bénéficient, ils ne laissent rien à désirer. Cependant, comme j'ai décidé une fois pour toutes que les bêtes sont dotées d'un pouvoir naturel de guérison, je ne fais pas appel à un homme de l'art pour ce qui apparaît comme un rhume banal, exception faite des cas critiques.

J'observe donc Neige : si nous sommes à la mauvaise saison, il passe ses journées allongé à la fenêtre au soleil, souverainement indifférent aux humains, ignorant les choses qu'on se donne la peine de lui apporter et qu'il sait pourtant goûteuses, il se contente de boire son eau.

Soit dit sans intention de mettre les uns et les autres dans le même panier, les humains ne gagneraient-ils pas à avoir la même attitude vis-à-vis de la maladie ? Neige récupère d'ordinaire en deux ou trois jours : d'abord, il boit son lait, ensuite, il ne mange pas n'importe quoi : je ne saurais faire la liste détaillée des aliments, mais lui semble savoir ce qui lui convient après un ennui de santé.

De leur côté, Midori et Coco, les doyennes, flemmardent sur le toit de la resserre, pour peu que le temps s'y prête. Là, elles sentent très vite venir la pluie, dirait-on, devançant en cela leurs maîtres, car on les voit se replier vers nous et, peu de temps après, les premières gouttes tombent. En manière de plaisanterie, les femmes de la maison se disent, tiens, revoilà Midori, c'est le moment de rentrer les futons étendus dehors.

Ce qui suit pourrait bien être le seul fruit du hasard. J'ai eu à quelques reprises la visite d'un quidam à qui je trouvais l'air louche, qui venait me proposer de réaliser une affaire juteuse. Mes compagnons félins se sont postés en bonne place dans le salon où j'avais convié le visiteur, d'où ils dirigeaient vers lui des regards d'authentiques chiens de garde, au point que ce dernier paraissait s'en trouver mal à l'aise. J'ai pour principe de ne jamais marcher dans ce genre de combine, mais j'ai laissé notre homme déployer son bagout pendant que je comparais son expression avec celle des chats, et je me suis bien amusé.

Si l'ex-chat errant Charly est de tous le plus malin, il marque quand même du respect à ses cinq devanciers, dont il se garde d'approcher à moins de deux mètres lorsqu'ils prennent leur repas. Et bien qu'il vide leurs assiettes à leur suite, sa préférence va à ce que les humains de la maison laissent, pas à la nourriture pour chats sous ses diverses formes.

La pâtée pour chats en boîte arrosée de quelques gouttes de sauce de soja fournit un excellent accompagnement à l'alcool, mais il va sans dire que du point de vue nutritif, on fait mieux comme régime équilibré, cela fait grossir. Ne convient-il pas mieux de manger saumon, sardine ou chinchard avec leurs arêtes, comme Charly, car lui mange équilibré, il me semble, à moins que ce ne soit par gloutonnerie pure et simple, attendu qu'il enfourne tout ce qui se présente. Tomates, tôfu, jusqu'aux pois de soja fermentés du *nattô*, pour peu que nous en laissions, tout lui fait ventre. Ses goûts sont clairement distincts de ceux de ses aînés.

Par ailleurs, on dirait qu'il a des attentions envers nous, encore que je ne pense pas que ce soit par reconnaissance pour l'avoir recueilli. Sur le chapitre des besoins, c'est lui le plus propre, et si un autre félin s'est oublié, il s'installe à proximité du corps du délit et son attitude suggère qu'il veut nous consoler.

Une fois, je l'ai entendu miauler, chose rare chez lui, et d'une singulière façon, si bien qu'étant allé voir, je me suis aperçu que j'avais laissé couler l'eau du bain, qui débordait de la baignoire.

A la suite de Neige, qui a cessé de le faire, il s'amuse aujourd'hui à ramasser des pommes de pin dans le jardin et à les rapporter jusqu'à mon chevet. Puis il se livre à sa toilette, comme pour masquer sa gêne ; et moi, que puis-je faire d'autre sinon les accumuler dans un panier ?

Le matin, il circule en large et en travers dans la maison, l'œil inquisiteur ; il a acquis le coup de patte pour écarter les *fusuma*, grâce à quoi la maisonnée entière est arrachée à son sommeil, ce qui lui vaut une engueulade de temps à autre, mais au fond ne fait-il pas là son devoir naturel de mâle, qui est de veiller à la sûreté de son domaine ?

Après le tremblement de terre de la région de Kôbe, certains chiens qui s'étaient trouvés séparés de leur maître étaient gardés attachés à côté des refuges des humains, où ils étaient nourris, certes, mais la majorité d'entre eux continuaient quand même de trembler de peur alors que deux semaines s'étaient écoulées, et ils ne cessaient d'aboyer bruyamment. Les chats – j'en ai vu, pour ma part, deux – incarnaient littéralement la nonchalance dans l'ombre de ce qui restait des maisons aplaties.

Dans le cas de ce séisme, l'épicentre se situait juste à la verticale du secteur, et nous autres, à Tôkyô, ne risquions guère de subir de secousses importantes. Cela fait des décennies que l'on dit que Tôkyô et sa région sont sous la menace d'un séisme susceptible de se produire à tout moment. Je fais ce que je peux pour me munir de l'essentiel au cas où, mais que feront les chats ? Je surveille particulièrement Charly, qui a conservé sa nature sauvage. Je me suis promis d'être sur mes gardes le jour où je le verrai posté à un endroit d'où il est facile de fuir. Pour l'instant, il dort du sommeil du juste, abandonné de tout son long au centre de la maison.

Les soins des chats

La chienne Zizi donne à entendre un vaste choix de vocalises au gré de ses humeurs. Si quelqu'un de la famille quitte la maison, elle pousse des hurlements d'un pathétique à vous fendre le cœur, mais si c'est moi qui passe le portail, « Pourquoi tu ne m'emmènes pas ? » gronde-t-elle, ulcérée. Un chien promené par son maître s'attarde-t-il à côté de ce même portail, elle paraît s'en irriter et pousse quelques brefs rauquements. Agacée par Charly, son premier réflexe est de jouer l'indifférente, puis, à bout de patience, elle pousse des grondements qui sonnent à mon oreille comme autant de gargouillis. Quand revient notre fille aînée, sa maîtresse en titre, elle trotte en direction de la cuisine où elle adopte le ton mielleux d'un chiot ; si j'ai le malheur de me trouver là à ce moment, devine-t-elle ma présence, elle lance des aboiements furieux.

Les chats n'ont pas un répertoire aussi varié, mais quand ils souhaitent entrer ou sortir, ils miaulent langoureusement devant la porte et ne se taisent qu'au moment où on leur ouvre. Nos deux mamys répondent à l'appel de leur nom par un cri bref, sans se donner la peine de se retourner. Kurata, le mâle que nous avons laissé entier, ce « fifils à maman » aux yeux du reste de la famille, ne met jamais la patte dehors ; saison des amours ou pas, il nous gratifie de ce que j'appellerais des vagissements de bébé ineffables, quand ce ne sont pas des *gyaô* ou des *hiii*, tout en arpentant le couloir. Il n'a jamais pu apprendre la propreté et, s'il tombe sur un objet nouveau pour lui, tant sur les tatamis que dans le couloir, sur le plancher que dans l'entrée, il laisse sa marque dessus. Ma documentation, mes feuillets à manuscrit et mes magazines en ont fait les frais. Mon plus gros désagrément a été lorsque le téléphone et ce petit appareil qui sert à changer de chaîne télé ont été mis hors service : le réparateur s'est gratté la tête, ignorant que c'était dû à notre animal. Depuis, je n'oublie jamais de les mettre en lieu sûr, en hauteur. La boîte de mouchoirs n'est pas épargnée, il vise exactement la fente d'où l'on retire les feuillets. Bec enfariné, je me suis mouché… Eh bien, qu'on me cite une chose plus désagréable ! Et gare aux sous-vêtements de rechange déposés dans la salle de bains ! Non, peine perdue, le mal est déjà fait, et personne ne l'a encore pris en flagrant délit, c'est ni vu ni connu, à croire qu'il guette le moment propice.

Rien de tel avec Neige, cet autre mâle pourtant né de la même portée, qui, demeuré petit, semble trouver insupportable cet énergumène de Charly. Ce dernier qui, en principe, ne lui cherche des noises que lorsqu'il est en rut, peut bien avoir l'intention de jouer, il se casse régulièrement le nez, l'autre se défile.

Je ne prétends pas jouer au quotidien les observateurs, cependant, il m'arrive, quand je me trouve seul pour deux ou trois jours, de convier mes six chats – mais pas la pauvre Zizi – à manger en ma compagnie dans la cuisine, et alors il me faut repousser l'une ou l'autre des cinq queues qui balaient la table, et sans cesse déplacer mon assiette. Qui n'est pas à portée du festin prend un air boudeur, ce qui tombe sur la table, il n'y touche pas. Mais ils sont tous d'accord pour faire honneur aux miettes de bonite séchée trempées dans le bouillon ainsi qu'au maquereau séché de premier choix. C'était d'abord le régal de Charly, mais eux aussi s'ameutent autour depuis quelque temps.

Avant, qu'il neige ou qu'il fasse un soleil de plomb, la bande gambadait dans le jardin, grimpait aux arbres. L'arrivée de Zizi y a mis un terme : mes deux mamys font la sieste sur le toit, seul Charly folâtre mais sans dépasser les limites du jardin, il reste en position d'équilibriste sur le haut du mur de clôture, d'où il suit du regard les passants.

Nous avons maintenant un visiteur extérieur qu'il faut nourrir en prenant des précautions sous peine de voir les corbeaux lui souffler sa pâtée. J'attends donc pour ce faire que les corbeaux aient repris le chemin de leurs nids où leurs « sept mignons petits » attendent, comme dit la chanson. On dit bien, de tradition : « J'entends croasser le corbeau, rentrons. » « Croâ a fait le corbeau et l'aube est venue. » « J'aimerais tordre le cou aux corbeaux des trois mille mondes… » Ils se sont installés ici en même temps que les humains, mais comme ils s'en prennent aux sacs-poubelles dont ils éparpillent le contenu sur la chaussée, ils sont devenus les ennemis publics des habitants de la capitale. Ils sont une flopée, ces lascars de corvidés au bec puissant ; vus de près, ils sont de belle taille, et ils ont tous les culots. S'ils étaient blancs ou bleus, on fermerait un peu les yeux sur les embarras qu'ils provoquent, mais non, ils sont noirs, ça ne se pardonne pas.

Quand, le matin, ils sont en rangs d'oignons par dizaines sur les fils électriques près de la maison ou les clôtures bordant la rivière, je trouve cela plutôt sinistre, et je crains que Kurata, Neige ou Charly ne soient pris pour cibles. Déjà Dada me donnait du souci quand il n'était encore qu'un chiot, à cause de la réputation qu'ils ont de s'attaquer aux bêtes qui viennent juste de naître, et pour ce qui est de leurs congénères à plumes, à leurs œufs et à leurs oisillons.

C'est bientôt la saison des puces, autour de moi on se succède pour amener chaque jour deux bêtes dans la salle de bains et remplir la baignoire que, tandis qu'elle se vide, Charly ne quitte pas des yeux, c'est celui qui déteste le plus être baigné. Sans doute sent-il venir le vent, car si une des filles s'approche avec une serviette à la main, il s'échappe prestement et file dehors par ce que je soupçonne être une issue de secours connue de lui seul. Non que les anciens soient grands amateurs de bain, Neige surtout, qui pousse des cris d'orfraie. Je suis tout à coup distrait de mon travail, j'entends Charly qui m'implore de le laisser entrer. Si je lui ouvre, il adopte une mine pensive, puis va se dissimuler sous un massif, le temps probablement de voir le tour que vont prendre les choses.

Je l'ai ramassé dans le square voisin, dans le même genre de buisson, ce qui peut expliquer qu'il voie là un autre refuge, un havre de paix, le premier ayant été le flanc de sa mère. C'est contre les puces que nous leur imposons ce bain – chats et chienne confondus – car s'ils reviennent de sous la pluie aussi misérables que le plus crotté des gorets, ils retrouvent le lendemain à peu de chose près leur beau pelage sans défaut. J'explique cela par le fait qu'ils sécrètent une espèce de matière grasse, mais qui n'est nullement visqueuse. Les chats aiment la propreté, ils font leur toilette à longueur d'année, mais leur langue ne les débarrasse certainement pas parfaitement de leur saleté. Zizi, elle, n'a cure de ces préoccupations, elle enfouit sa pâture dans la terre et peut bien être noire de la gueule à la truffe, une nuit lui suffit pour redevenir la beauté qu'elle est.

Ces dernières années, les humains mâles à leur tour se sont mis à soigner leur épiderme, à se demander quel genre de traitement capillaire il leur faudrait, puisque chacun se lave le visage matin et soir, se douche ou prend un bain quotidien, mais il n'empêche, une serviette humide passée sur le visage, histoire de voir ce qu'il en est, en ressort un tantinet douteuse, semée de pellicules. Chez les hommes aussi, il est vrai, toute atteinte à la santé se traduit par une certaine saleté corporelle. Faut-il conclure de cette souillure du corps que chacun d'entre nous porte en lui une maladie ou une autre ?

Anju met bas

J'avoue que lorsque j'ai eu Dada, mon premier chat, je n'avais pas la moindre notion de l'âge chez ces bêtes. Approchait-il de la puberté ? N'était-ce pas encore le moment ? La question était pour moi sans réponse. Par ailleurs, je le plaignais de le voir célibataire et, sans même demander à quelqu'un connaissant la question, j'avais adopté Anju, âgée d'un peu plus de deux mois, avec l'idée qu'elle ferait la compagne idoine.

Eussent-ils été des chiens, j'avais ma petite idée mais, en l'occurrence, Dada reconnaîtrait-il une sœur féline ou verrait-il un joujou dans cette petite chose ronde et toute moelleuse, à l'image d'une pelote de laine ? Je me mettais martel en tête : les humains ne pouvant résister à la vue d'un chaton, ne risquait-il pas de la tuer à coups de dents, de jalousie ? J'acceptais de jouer aussi avec lui pour qu'il se sente le moins frustré possible. Mais je ne pouvais pas non plus avoir l'œil en permanence sur lui. Chaque fois qu'ils disparaissaient, je m'affolais, je me lançais à leur recherche, sous les rires moqueurs des femmes de la maison, pour finalement réaliser que je me faisais du mauvais sang en pure perte. N'aurait-on pas dit une maman chat (là, je m'avançais un peu, parlant d'une chose qu'alors j'ignorais) lorsque Dada passait sur Anju de délicats coups de langue ou la couvait d'un œil maternel en train de laper son lait ou de manger sa bouillie ? Après quoi, l'air de ne plus y tenir, il faisait disparaître ce qu'elle avait laissé. Se mettait-elle à trottiner, il la suivait des yeux à courte distance, tombait-elle endormie, il s'allongeait à son côté.

J'ai entendu dire un jour que si, de façon générale, les tout jeunes animaux, immobiles ou en mouvement, sont mignons à voir, en tout cas adorables aux yeux de leurs congénères adultes, c'est que Dieu a fait en sorte que s'exerce l'instinct de protection. Je le savais déjà des chiens. Face à un chiot parfaitement inconnu qui s'approche pour jouer, un chien adulte ne s'en agace pas, et si celui-ci s'aventure près d'un danger potentiel, comme par exemple une mare, un grondement lui signifiera qu'il doit s'en éloigner. En règle générale, les chiens paraissent apprécier les petits des hommes, je ne voyais rien d'étonnant à cela.

Or, il en est à peu près de même avec les chats, ainsi Dada, le soir, se couchait avec la souffreteuse Anju entre les pattes, visiblement pénétré de son rôle de protecteur. Et s'inquiétant dès que nous nous mêlions de nous occuper d'elle.

D'ailleurs, après toutes ces attentions envers la petite, il donnait d'évidents signes de lassitude, il lui arrivait de poser une patte sur ma cuisse et de s'endormir d'une pièce ainsi.

Un jour, sans que nous ayons rien deviné, le ventre d'Anju s'est trouvé rond. L'apparence extérieure de mes deux compères était maintenant semblable, cependant Anju conservait quelque chose de sa puérilité. Qu'elle soit grosse, bon, mais serait-elle capable de mettre bas ? La parturition chez les chiennes, ça me connaissait, ayant moi-même fait la sage-femme. J'avais aussi passé des nuits blanches pour donner le biberon en remplacement de notre colley dont le lait venait mal. Restait à voir ce qui allait se passer.

C'était il y a plus de dix ans, à une époque où je ne crois pas qu'il existait des ouvrages ou des magazines montrant comment élever les chatons. J'avais fait le tour de plusieurs librairies, sans oser demander : « Vous avez un guide sur la naissance des chats ? » et j'étais rentré bredouille. Le vétérinaire m'avait répondu : « Oui, c'est vrai que votre Anju est encore bien jeune... », et je n'en étais pas plus avancé pour autant. Et ce n'était pas de tourner un œil noir vers l'engrosseur présumé – « Dada ! Tu fais dans les lolitas maintenant ? » – qui servait à quelque chose : il n'était pas troublé le moins du monde. A tout cela s'ajoutait la sérénité unanime de la gent féminine de la maison.

Anju a mis bas dans un endroit exigu au possible, derrière le piano. Totalement à l'insu des humains, comme, cela va sans dire, de Dada lui-même. Ne la voyant pas, je m'étais mis à sa recherche à droite et à gauche, je percevais bien de drôles de petits cris aigus mais sans les localiser vraiment, jusqu'à ce que, tout à coup, Anju surgisse devant moi. J'étais sûr qu'elle avait accouché, à la voir efflanquée comme elle était. J'ai battu le rappel de mes femelles bipèdes à qui j'ai appris la nouvelle, mais le mystère demeurait de l'endroit où étaient les nouveau-nés. Anju les allaitait-elle ? Et puis, il était impératif de l'alimenter correctement. J'ai ajouté alors que j'avais entendu des cris un peu plus tôt et nous avons cherché ensemble dans la pièce au piano, chacun dans un coin susceptible de servir de cachette, sur la pointe des pieds afin de ne pas les effrayer. Les chattes se méfient des ennemis extérieurs, elles se cachent pour mettre bas, cela au moins je le savais. Tout à coup, plus d'Anju, plus aucun miaulement. Je suis allé chercher Dada – « Ta femme a eu ses petits, cherche ! » – que j'ai déposé au milieu de la pièce, mais le lascar a fait l'ignorant. Je croyais me rappeler avoir entendu dire que les chattes sentent qu'on va leur prendre leurs petits et qu'elles les dévorent. Nous avons donc décidé de ne pas insister davantage et quitté la pièce, après avoir déposé de l'eau, du lait ainsi que du foie séché, dont Anju raffolait.

Pendant la nuit, ma fille a découvert Anju et les petits, qui étaient au nombre de trois. Elle a annoncé qu'ils étaient tous bien portants ; rassuré, j'ai attendu le matin pour aller jeter un coup d'œil : l'endroit derrière le piano était désert. Cette fois, les faibles miaulements provenaient à l'évidence de l'intérieur du placard, et ma femme a demandé à les voir. J'ai écarté largement le *fusuma* resté entrebâillé, par où Anju s'était glissée. « C'est vrai, il y en a trois. Trois ! » s'est-elle écriée en riant. Ces paroles venaient-elles de piquer au vif Anju, elle n'a pas perdu un instant pour prendre un premier chaton puis les deux autres par la peau du cou et les déplacer vivement derrière le miroir sur pied adossé à la paroi, où elle est restée un moment, mais avec une appréhension manifeste, avant de s'affairer de nouveau à déménager sa portée d'abord derrière le canapé du salon, puis derrière la télé. Dada s'étant approché, elle a craché, tous poils hérissés.

Outre Anju, Dada a engrossé aussi ses filles, puis a œuvré également avec ses petites-filles à la pérennité prospère de sa descendance, mais comme nous donnions aussitôt les fruits de ces amours, il n'y a jamais eu d'union entre frères et sœurs. De combien de chats et de chattes Dada a-t-il été le procréateur, à la fin ? Dans les moments de pire presse, nous avons eu coup sur coup une nouvelle portée quotidienne, soit un total de vingt-six. Mais les chattes devaient s'être accoutumées à nous car, après Anju, aucune n'a transbahuté ses petits comme celle-ci l'avait fait.

Charly a disparu

Nous avons perdu la trace de notre ex-vagabond Charly. Je l'avais ramené en septembre de l'année dernière après l'avoir découvert, squelettique, peinant à tenir sur ses pattes.

Sur les cinq himalayens et le husky que nous hébergeons, les deux doyennes chattes n'ont pas caché qu'il leur déplaisait fortement, mais les autres l'ont ignoré. En bon chaton, il avait un appétit féroce, dormait beaucoup, et il a très vite gagné en robustesse, au point que je le voyais déjà devenir un chat de belles dimensions, jusqu'à ce printemps où sa croissance a marqué une pause.

Ne pouvant guère compter sur la compagnie de ses semblables, il sortait dans le jardin où il se mettait à taquiner Zizi, dix fois plus lourde que lui.

A force de les voir jouer ensemble, je me suis avisé qu'il existait entre eux une sorte de règle : tout commence par quelques pichenettes à la queue de Zizi allongée. Celle-ci se redresse soudain à moitié, puis Charly se ramasse sur lui-même un petit moment, dans une pose agressive, devant laquelle Zizi se décide enfin à se relever. Charly file alors se dissimuler dans un massif sous le regard de la chienne qui, peu après, se vautre à terre sans plus de tenue que précédemment. Réapparition de notre Charly qui, prenant grand soin de ne pas faire de bruit, vient se coucher sur le dos à quelque trois mètres de là, pose qui le laisse totalement sans défense mais visiblement attentif aux mouvements de la chienne.

Appelée par une des femmes, Zizi se dirige vers la porte de service. A-t-il retenu ou non comment il se nomme, toujours est-il que Charly, lui, ne répond pas aussitôt à l'appel de son nom. Depuis un certain temps, il semble trouver de l'intérêt et du plaisir à grimper aux arbres et joue souvent à la panthère étendue sur la branche d'un arbre mort, ce qui n'est apparemment pas du tout du goût de sa copine qui se déchaîne en aboiements irrités dans sa direction et lance à mon intention ses cris caractéristiques, comme pour me rapporter la chose.

Je ne peux pas parler au nom de tous les huskys, mais Zizi, en tout cas, se fait entendre avec une belle expressivité, et comme elle a porté son choix sur l'aînée des filles pour maîtresse, elle gronde chaque fois que j'ai la mauvaise idée d'être assis près de celle-ci dans la cuisine. Si je la chasse, il faut voir la furie qu'elle devient.

Elle sait se faire câline, réclamer avec insistance, protester. Les activités des chats dans le jardin finissent-elles par la pousser à bout ou un chien vient-il à passer devant le portail, elle ne réagit pas deux fois de la même façon.

Au moment où il réintègre la maison ou écarte la cloison pour entrer dans mon bureau, aucun membre du quintet himalayen ne manque jamais d'y aller de son petit cri de salutation. Les deux anciennes, elles, ne se retournent pas à l'appel de leur nom, mais se sentent quand même obligées de se mettre en frais d'une réponse laconique.

Charly ne s'est jamais conduit ainsi. Face aux himalayens vénérables, c'est le tigré roux typique. D'une taille en dessous de ces derniers, il les suit immédiatement pour ce qui est du poids ; et actif en diable, comme tout jeune chat, il n'y a pas une seule cloison, *shôji* ou *fusuma*, qui ne soit aujourd'hui réduite en lambeaux à sa partie inférieure, un spectacle capable de dissuader n'importe quel cambrioleur, même en l'absence de Zizi. M'est avis qu'on chercherait en vain un intérieur qui présente un aspect aussi misérable.

Charly essaie de folâtrer avec le tranquille Neige, voire avec Kurata, mais malheureusement ceux-ci ne répondent pas à ses avances. Je me disais que ce petit dernier avait fini par être mis en quarantaine, lorsqu'il s'est mis à faire des sorties discrètes, pour se livrer à des jeux qui m'ont plutôt l'air de querelles de territoire car il revient régulièrement avec quelques petites égratignures à la face. Dada aussi, qui était en son temps le chef de la bande des himalayens, revenait parfois blessé, mais son cas était clair, c'était en repoussant l'intrusion d'un matou. Son aire d'activité était assez définie, cela dit, l'ayant appelé un jour où je l'avais aperçu sur le mur d'un jardin distant de la maison d'une centaine de mètres, il s'était esquivé en me laissant l'impression d'avoir été importun. Peut-être quelque rendez-vous sentimental ?

Charly était patraque depuis quelques jours. J'ai dans mon bureau un panier à provisions, il s'y était glissé, et à y repenser aujourd'hui, je me dis qu'il avait perdu de son appétit. A la différence des himalayens, il n'aime pas la nourriture pour chats, dédaigne aussi poulet, bonite demi-séchée, *kamaboko* au surimi, pour se consacrer exclusivement à ce que nous laissons dans notre assiette, en particulier à son mets de choix entre tous, les épinards blanchis saupoudrés de miettes de bonite séchée, laquelle bonite séchée nous avons beau lui mettre de côté, cela ne le réjouit que moyennement, il faut qu'elle se présente sur ces légumes et pas autrement.

Il y a deux jours, nous avons discuté tous ensemble s'il n'était pas préférable de le conduire chez le vétérinaire, une véritable expédition, la croix et la bannière. Nos protégés dans leur ensemble – la chienne comme les chats – n'oublient jamais la porte d'une clinique lorsqu'ils l'ont franchie une fois, à peine s'en approche-t-on la fois suivante que tout un raffut éclate, qui signifie clairement NIET !

En particulier Charly, qui, pourtant, a eu seulement les yeux désinfectés et été vacciné dès que je l'ai ramassé, à la seconde visite, les deux adultes que nous étions avaient beau le maintenir dans une serviette pour le porter, impossible de le faire tenir tranquille, résultat, seigneurs et maîtres griffés en plus d'un endroit.

A la mi-journée, le voyant somnoler à la fenêtre, j'ai pensé que cela ne devait pas être bien méchant, d'ailleurs, lorsque je lui ai donné des morceaux de chinchard, il a mangé le poisson entier. Et ses blessures étaient guéries. Avec les himalayens pour qui il n'existe pas, il doit se sentir seul… me suis-je avancé à diagnostiquer, et je l'ai amené dans mon bureau, lui ai caressé la gorge, à quoi il a répondu en ronronnant.

Seulement voilà, une fois endormi, il n'adoptait pas la position ô combien relâchée, vulnérable, qui était la sienne d'ordinaire, mais se tenait en boule, tout petit, les pattes avant repliées sous lui.

Quand ils ne se sentent pas bien, les animaux ne perdent pas leur sang-froid, ils se dissimulent aux regards, se contentent de boire de l'eau et attendent patiemment, sans bouger. Ceci peut s'appliquer aux humains, laisser faire la nature est encore le meilleur traitement, seulement, cette fois, le patient avait beau avoir des antécédents sauvages, la cohabitation avec les humains lui avait fait perdre une partie de sa vitalité primaire. Ce matin à la première heure, alors que j'avais décidé de m'en remettre au jugement de l'homme de l'art, Charly n'était nulle part. Il avait dans les deux mois à notre première rencontre, aujourd'hui il doit en avoir douze, il n'y aurait rien de surprenant à ce qu'il soit parti à l'aventure.

J'ai laissé entrebâillée la porte vitrée de mon bureau pour qu'il puisse entrer quand il voudra. Plutôt casaniers d'ordinaire, les himalayens sont dans le jardin ou sur la galerie extérieure, bien que le soir ait commencé à tomber. C'est Zizi qui a débusqué Charly de sa cachette dans l'ombre du massif, c'est avec elle que je vais partir à sa recherche.

Charly est de retour

Notre tigré enfant de la nature, Charly, qui avait disparu et que j'avais à demi perdu l'espoir de revoir, nous est revenu trois jours plus tard. Déjà pas bien en forme durant les quelques jours précédant sa disparition, le chat prodigue était cette fois carrément fourbu. Ma fille, ayant remarqué qu'il était blessé à la patte arrière, l'a emmené chez le vétérinaire. Apparemment il s'était battu avec un congénère, peut-être parce qu'il était en rut, et sa blessure venait d'une morsure reçue lors d'une tentative de retraite.

Je n'ai pas vu la blessure mais je sais qu'elle était assez profonde pour nécessiter plusieurs points de suture. Le vétérinaire a expliqué qu'un chat sauvage aurait eu assez de vivacité pour s'échapper aussitôt et qu'un chat domestique se garderait bien d'empiéter sur le domaine d'un congénère trop dangereux. Charly a connu cette mésaventure pour n'être ni l'un ni l'autre.

Depuis, trois semaines ont passé, la blessure est pour ainsi dire guérie. Du coup le voilà derechef désireux de sortir. En pareil cas, les himalayens le font comprendre lourdement par la voix et par l'attitude. La vieille Coco campe devant la porte de la cuisine, Kurata miaule sans discrétion. Charly, lui, a guetté le déplacement de ses maîtres vers la porte et, bien que moi aussi je me tienne sur mes gardes, m'a filé entre les jambes à la vitesse de l'éclair. Si jamais il est parti prendre sa revanche, ça risque bien de lui retomber dessus, pensais-je avec appréhension, mais il est rentré comme il était sorti : après avoir attendu que quelqu'un ouvre, il s'est engouffré d'un bond, après quoi, premier souci : laper son eau.

Loin de moi d'être choqué qu'il sorte. Qu'on y songe : voici un an qu'il est chez nous et, s'il est vrai qu'Anju, la plus petite et la plus frêle, dort de temps à autre à son côté, les autres ne lui témoignent qu'une indifférence radicale, voire une aversion viscérale.

Matin et soir vient l'heure du repas de la colonie féline, qui n'a d'ailleurs rien de ponctuellement programmé. Ce n'est que lorsque nous nous rendons compte que les cinq himalayens, mine de rien, se serrent les uns contre les autres sur la table de la cuisine, que l'un de nous leur donne leur pâtée. A ce moment-là, Charly arrive à son tour, à la différence qu'il ne saute jamais sur la table mais se contente de se tapir à son pied. Si un élan de pitié me pousse à l'y installer, nos deux mamys affichent une expression crue

–tournure qu'on pourra trouver curieuse s'agissant d'un chat – de répulsion, et y joignent le geste puisqu'elles sautent au sol et parfois émettent même un sifflement de sommation.

D'emblée, la colonie primitive et le nouveau venu ont eu des goûts distincts en matière de nourriture, ce dernier passant la truffe sur les restes des premiers, s'attardant un bref instant sur chacun avant de boire de l'eau, car il n'apprécie pas non plus le lait. Par la force des choses, c'est essentiellement ma pâtée à moi – chinchard, sardines, saumon, maquereau grillé – qui lui échoit en partage. Récemment, d'une tranche on est passé à deux, que je lui prépare moi-même et lui sers, mais je dois préciser que cela non plus, il n'insiste pas pour l'obtenir.

Je le trouve petit mangeur, mais il a les épaules et les pattes puissamment musclées. Je n'ai une idée de la densité de son pelage qu'après l'avoir baigné, mais il a une ossature en apparence nettement plus robuste que ses semblables himalayens. Son œil droit qui papillotait sans arrêt à son arrivée ici est devenu clair, probablement par la grâce des antibiotiques administrés pour empêcher sa blessure de suppurer, et j'incline à voir en lui un assez bel animal – mais je dois être de parti pris, l'ayant recueilli et élevé.

Qu'on pense au mot convivialité: en tout temps et en tout lieu, le plaisir de partager un repas autour de la même table a resserré les liens d'amitié entre personnes étrangères. Les Occidentaux prennent café ou thé à l'extérieur, mangent ensemble au restaurant, se retrouvent dans un bar pour boire un verre, en fonction de leur degré de relations. Les véritables amis s'invitent à la maison. Quant aux amis les plus intimes, c'est encore autre chose. Les Japonais, en partie du fait de l'exiguïté des habitations, se donnent rendez-vous à l'extérieur, ce qui laisse aux Occidentaux invités un sentiment de frustration, ai-je cru comprendre. Pour les plus intimes, ils sont prêts à risquer leur vie, le cas échéant. Dans notre pays, le flou règne en ce domaine, ce que me confirme la contemplation des chats.

Avoir un ou plusieurs animaux de compagnie et vivre avec eux implique divers types de relations. Ainsi, pour prendre un exemple d'un temps révolu, une femme entretenue vivait dans l'attente de l'arrivée de son seigneur et maître, qu'elle recevait en général avec un pékinois ou un chat blanc dans son giron. Les hommes de petite taille marchent souvent avec un énorme chien en laisse, ils arborent un air avantageux pour le promener. Une célibataire qui fait carrière oubliera sa solitude en compagnie d'un petit animal tranquille dans un immeuble où, en principe, les bêtes sont strictement interdites. J'aime à croire qu'assister les chattes quand elles mettent bas a fait voir à mes filles la vie sous un autre jour. Leur croissance à tous me confirme mon propre âge. Par exemple, notre husky Zizi, cinq ans accomplis, ne met plus guère d'entrain à saluer le retour de ses maîtres. Quitte-t-on la maison en la laissant seule, elle aboie un moment, encore cela ne dure-t-il pas. Je perçois dans ce phénomène un déficit notable de passion. Pris de pitié à l'idée de la laisser ainsi vieillir si vite, je m'efforce de mon mieux de lutter au corps à corps avec elle dans le jardin, mais c'est pour m'apercevoir soudain qu'elle a les yeux fixés sur moi avec l'air de dire : « Tu sais, si je joue c'est bien pour te faire plaisir, n'en fais pas trop, tout de même. »

Actuellement, c'est-à-dire en cette dernière décade de juillet, période des naissances, je suppose, je découvre souvent au cours de ma promenade des chatons ou des chiots abandonnés qui viennent tout juste de voir le jour. Tout ce qu'il y a de plus nouveau-nés, et qui vivent encore. Ils vont généralement par deux ou trois, ne voient pas encore, forcément. Quelque compassion qu'on éprouve pour eux, on ne peut les aider à survivre. De toute façon, c'est de la chair à corbeaux. Je n'entends pas par là incriminer précisément ces derniers, ainsi le veut la nature.

Tant qu'à faire de s'en débarrasser, leurs maîtres feraient mieux de les supprimer de leurs mains. La plupart du temps, ils les déposent dans un buisson le long de la Kandagawa, d'où les petits malheureux finissent par ressortir en gigotant et se retrouvent sur le chemin. Pourquoi ne les jettent-ils pas à l'eau ? Qu'on ne vienne pas me parler de pollution ! Jadis, quand les parents n'avaient rien à se mettre sous la dent, ils supprimaient leurs bébés puis prétextaient quelque chose à faire « dans le bois » ou « à la rivière », autrement dit allaient les enterrer ou les jeter à l'eau.

Répugner à porter la main sur eux, à voir leurs cadavres, c'est faire preuve d'un parfait égoïsme. Je passerai sous silence ce que je fais quand je découvre un chaton ou un chiot qui, abandonné près de la rivière, agite ses pauvres membres en vagissant. A présent qu'il a complètement récupéré, Charly déborde de fougue juvénile, il n'a pas sitôt grimpé au long des *shôji* réduits à leur carcasse dont il a fait sa cage à écureuil, qu'il en redescend.

La saison des pluies n'en finit pas, quantité de crapauds ont envahi le jardin, je me demande ce qu'ils mangent pour arriver à être aussi énormes. Chienne et chats se gardent bien de les approcher.

Le chat amateur de boissons fortes

Il existe une herbe, dont j'ignore le nom précis, qui est connue sous le nom vulgaire de hochet-des-chats. Elle croît en touffes au bord des chemins et, l'été, présente une modeste houppe – la fleur, je suppose – d'environ un centimètre de diamètre et quatre ou cinq de longueur, qui rappelle l'épi de la massette.

N'ayant pas eu de chat autour de moi dans mon enfance, je n'ai pas souvenir d'avoir fait jouer un animal avec. Puis, quand j'en ai eu un, je me suis rendu dans une boutique spécialisée dans l'alimentation et les gadgets pour chats où j'ai fait la découverte d'une imitation aux coloris vifs de cette herbe, que j'ai achetée. Le chaton sauvage qu'a été Charly n'a jamais joué avec. Comme on en trouve tant qu'on veut alentour, j'en ai arraché une poignée que j'ai rapportée.

Lorsque j'ai agité la tige souple pour imprimer un mouvement vertical à la houppette sous le nez de Charly, il a pris une expression grave, a bondi dessus puis s'est figé en une posture qui m'a fait penser qu'il en faisait un peu trop, le cabotin.

Au contraire, ses congénères d'âge vénérable, mûr ou autre se sont approchés, mais ce n'était pas pour jouer, ils se sont jetés sur les feuilles qu'ils ont mâchées à belles dents.

Pour les chats élevés en intérieur, en appartement surtout, on vend dans le commerce une herbe à cultiver chez soi : on n'a qu'à l'arroser pour obtenir des plants qui rappellent ceux du riz ; elle passe pour guérir les brûlures d'estomac des bêtes. On dit par ailleurs qu'elle leur fait régurgiter les poils avalés par mégarde durant la toilette et qui finissent par faire une boule dans l'estomac. Quelqu'un m'a affirmé d'autre part que, pour les humains, les légumes riches en couleur verte ou jaune seraient bons pour la santé.

Au moins disposons-nous ici d'un jardin, pour l'instant livré aux mauvaises herbes, dans lequel nos himalayens bravent parfois la chaleur pour s'aventurer par-ci par-là, en une quête à mes yeux mystérieuse, mais je ne les ai jamais vus prendre de ces feuilles dans leur gueule.

Or, les feuilles de hochet-des-chats leur ont littéralement fait l'effet de l'herbe-aux-chats *matatabi*, ils les ont dévorées et il n'en est bientôt plus resté que les tiges. Charly, en revanche, ne pensait qu'à jouer.

J'ai compris alors que cette herbe n'était pas simplement utile à la distraction des chats.

Un Russe m'a dit que le *kamaboko* au surimi, création purement japonaise, avait provoqué une grosse surprise là-bas, au pays du crabe par excellence. La chose est d'abord fendue dans la longueur avec un bâtonnet de la grosseur de l'index. J'imagine qu'elle se déguste avec des concombres assaisonnés au vinaigre, pour accompagner la bière.

Le *kamaboko* est fort apprécié des chats. Chose curieuse, alors que je me proposais de leur faire goûter du pur crabe véritable, puisqu'ils paraissaient en raffoler, ils ont fait une moue dédaigneuse devant le restant de conserve que je leur servais. Eh bien, si c'est le *kamaboko* que vous préférez… me suis-je dit, et de leur servir, coupées fin, les spécialités régionales – Yamaguchi, Miyagi, et jusqu'au nec plus ultra d'Odawara –, mais ils ne se sont guère montrés alléchés. Non, avec saveur de crabe, sinon rien. Faut-il en conclure que cela fait partie de la véritable gastronomie ?

Pour sa part, Charly aime la cuisine japonaise, ou pour être plus précis, les plats simples de la cuisine familiale traditionnelle. Ainsi, devant un reste de ragoût de chinchard, mais relevé quelque peu, après réflexion, de trois ou quatre gouttes de sauce de soja au gingembre, sa réaction m'a fait penser qu'il appréciait. Lorsque je me suis fait du bœuf à la sauce de soja, j'y ai incorporé du gingembre haché menu. Et j'ai vu Charly tenter de grappiller ce gingembre tout ce qu'il y a de plus salé.

La curiosité étant la plus forte, et tout en ayant conscience que j'allais à l'encontre de la protection des animaux, je lui ai donné à lécher du wasabi, mais là, fiasco. Même refus pour l'ail. En revanche, les olives en conserve lui sont un vrai délice. Moi qui suis au régime sec, si je lui sers du saké de cuisine dans un fond de petite assiette, il s'en pourlèche les babines et ne tarde pas à écluser ce qui était à peu de chose près l'équivalent d'une petite coupe à saké. Il ne crache pas non plus sur la bière que laissent les femmes de la maison. Les olives m'ont inspiré une expérience : j'ai sorti une prune qui marinait dans un bocal de liqueur et je la lui ai servie. Là, délectation absolue : et je te la lèche, et je t'en grignote la chair en prenant mon temps, jusqu'à ce qu'il ne reste que le noyau.

Naguère, nous avions dans le jardin une demi-douzaine de pruniers, le plus vieux donnait quantité de fruits de la taille de petites pêches, mais il a séché il y a dix ans. Nous en tirions de la liqueur dont il reste encore plus d'une dizaine de bocaux. Chaque année, je notais la date de mise en bocal sur l'étiquette, mais pour les plus anciens, l'inscription est devenue illisible. L'arbre qui donnait les plus grandes quantités a crevé à son tour, cette année. Deux des survivants continuent de donner des fruits. Une de nos resserres est emplie de bocaux, liqueur dans les uns, prunes confites au sel dans les autres, certains affichent plus de vingt ans d'âge, bien que, dans l'intervalle, nous en ayons fait profiter pas mal de monde. Au bout de tant d'années, les prunes ont quasiment perdu leur saveur acide, seulement, elles n'ont pas bonne mine. La liqueur se présente admirablement, les prunes sont de bonne grosseur, tout pour donner à cette liqueur de derrière les fagots l'aspect d'un nectar divin.

J'ai pris prétexte de l'intérêt que Charly avait manifesté pour cette prune qui trempait dans son alcool depuis deux ou trois ans pour ouvrir un de ces bocaux de dix ans d'âge et au-delà. Je suis un buveur du mauvais genre, de ceux à qui un doigt suffit pour que l'envie les prenne de siffler davantage, et dès lors cela n'a plus de fin. Je fais ce que je peux pour rester sobre, mais non, l'envie est la plus forte. Cet été ayant été particulièrement chaud, je peux toujours l'allonger avec force glaçons. Tant qu'à faire, j'aimerais que Charly apprenne ce qu'est un excellent alcool.

Et je sais maintenant qu'il est assez porté sur ce genre de boisson. Je venais d'en verser quelques gouttes dans son assiette, pur d'abord, et il a tendu la truffe vers elle, avant de l'effleurer à petits coups de cette façon *sui generis*, a reniflé, s'est mis lentement sur le ventre, a commencé à passer sa langue. De mon côté, je me suis versé quelques gouttes dans de l'eau avec des glaçons et j'ai goûté. Rien, au palais, ne rappelait les prunes vertes, le sucre candi et la gnôle *shôchû*, bref les ingrédients d'origine, l'alcool brut a poissé mes doigts.

J'ai recacheté à la cire le bocal, bien qu'estimant que plus rien ne pouvait s'en échapper pour le bénéfice des anges, tant le breuvage avait peu à voir avec un alcool digne de ce nom. Lui semblait se dire : « Fameux ! Et pas seulement, ça vous fait oublier la chaleur. » Son assiette proprement léchée, il a rongé la grosse prune que je lui ai offerte ensuite, a rôdé autour du bocal refermé, posé une patte dessus puis poussé, pour la première fois, un miaulement implorant.

J'ai vu un jour dans un film étranger une scène de bar où un chien, allongé sous un tabouret, buvait la bière que le héros, à moins que ce ne fût le barman, lui avait servie. Un chien, je dis bien. Mon Charly à moi finira peut-être alcoolique à la place de son maître au régime sec. Et moi, tout en observant la qualité de sa descente, je ronge mon frein et fais contre mauvaise fortune bon cœur.

De chats et de locutions

Neko o kaburu, « faire la chattemite », c'est affecter la douceur alors qu'on est un hypocrite de la plus belle eau. Tous les humains autant qu'ils sont vivent en faisant la chattemite, mais pour ce qui est des membres de la maisonnée autres que les humains, c'est-à-dire les chats, si je regarde Midori et Coco dont l'âge avancé ramené en années humaines fait aisément d'elles des octogénaires, je leur trouve une belle prestance, et une certaine dose de méchanceté. Mais si méchanceté il y a, elle n'est pas pour me déplaire. D'une certaine façon, leur refus catégorique d'accepter le nouveau venu Charly se défend. La maladive Yume a déjà eu des petits, sans incident, mais n'en garde pas moins son caractère enfantin. Chez elle aussi, qui doit bien avoir dans la soixantaine, aspect extérieur et caractère véritable ne diffèrent pas, elle continue d'agiter la patte devant un hochet-des-chats. Elle est restée nature.

Nekomamma, « bouffe de chat », se dit pour la mixture composée que les maîtres ont laissée dans leurs assiettes, ce que Charly, qui a connu la vie sauvage, est le seul à apprécier, tandis qu'un *nekomata*, « le chat l'enjambe », ne réussit même pas à attirer un félin qui a l'estomac dans les talons, qui donc, littéralement, l'enjambe, bref c'est un infâme brouet. Nos trois damoiselles ne daignent point mettre dans leur gueule blanc de poulet ou bonite demi-séchée qui ont dépassé la date de péremption ; celui qui enchaîne toux et vomissements, Neige, franchement difficile, n'accepte que le blanc de poulet frais sorti de la poêle. L'ancêtre Midori doit être quelque peu gâteuse car elle s'invite au repas des autres, bien que je jurerais qu'elle a la panse pleine. Considérée du point de vue himalayen, toute nourriture humaine est un « chat-l'enjambe », et si, par égard pour leur amour du *kamaboko,* on leur offre des crabes *kegani* en arrivage direct du Nord, ils s'en détournent, de même qu'ils repoussent ce qu'il y a de plus fameux dans l'épicerie fine.

Neko mo kuwanu, « les chats mêmes n'y touchent pas », s'applique non seulement à la nourriture toute faite mais aussi à ce que leur maître a préparé et qui est d'une saveur douteuse. J'imagine que les chats qui n'ont pas perdu leur nature sauvage sont blessés dans leur amour-propre d'être entretenus par les humains, c'est pourquoi ils se sentent éternellement affamés et ont une alimentation déplorable. Cette locution signifie que même ce genre de chat s'en écarte.

Si ma mémoire est bonne, tout de suite après que je l'ai recueilli, Charly avalait les cafards qu'il venait d'attraper. Insectes, papillons, cigales, il chassait non par jeu mais dans le but de manger, or à présent qu'un an s'est écoulé, cet instinct né de la faim s'est envolé. Aujourd'hui, il ne s'agit plus pour lui que d'un jeu. Néanmoins, quand la nourriture se trouve à manquer, par oubli de ma part, il ne réclame pas, à la différence des himalayens. Un jour, j'ai voulu voir ce que donnerait de l'affamer un peu. Pour ce faire, je l'ai gardé enfermé dans mon bureau en ma compagnie – j'étais en train de travailler – en ne lui laissant que de l'eau. Pas la plus petite récrimination après avoir sauté bien malgré lui trois repas, mais une fois libéré, il a dévoré les rogatons des himalayens pour lesquels il n'a d'ordinaire pas un regard.

Neko damashi, « trompe-chat », est une tactique de sumo. Pas une prise au sens propre. Elle consiste à frapper dans ses mains à la seconde où l'on se redresse pour se jeter sur l'adversaire, en profitant de son hésitation, et l'empoigner de sa bonne main. J'ai du mal à imaginer ce coup fonctionnant avec un véritable professionnel, mais il se trouve régulièrement un joueur ou un autre pour y recourir, une fois par an, lors des grands tournois. Justement, à propos de surprendre : ce sont les chats qui réagissent avec le plus d'outrance à nos gestes les plus banals. Je m'explique difficilement cette surprise. Ce alors même qu'ils se contentent de protester à voix basse quand on leur marche sur la queue, qu'ils ne réagissent pas quand on arrache le futon sur lequel ils sont couchés. Avec un chien, en pareil cas, on risque fort de se faire mordre, tandis qu'un chat restera indifférent. Question bruit, les chats semblent plus sensibles. Je n'ai pas d'exemple concret en mémoire, mais il m'arrive de murmurer : « Hé, faut pas être surpris comme ça. » L'inverse est valable et c'est souvent moi qui sursaute par leur faute. En en découvrant un soudain dans mon bureau, collé à ma jambe, en voyant une cloison glisser vivement et sans à-coup comme ne peut le faire qu'un humain, en entendant le bruit sourd qu'ils font en atterrissant de haut sur le sol. Notre toit est couvert de tuiles et lorsque Dada était dans ses années glorieuses, combien de fois ai-je tressailli en l'entendant déambuler là-haut, si lourd, me semblait-il.

« Comme un chat sur un toit de tôle brûlant », « pareil à un vieux chat » disent, littéralement, certaines locutions qualificatives. « Tel un chat arrogant », « à l'instar d'un chat malade », « avec un mouvement d'une souplesse de chat » sont des expressions d'usage fréquent dans les romans de quai de gare. Je suppose qu'elles ne sont pas comprises des lecteurs qui n'ont jamais eu de chats, et même pour ceux qui en ont près d'eux, elles ne rendent pas compte de la réalité. Disons que la plupart sont issues de notre imaginaire, lequel se prend pour la réalité.

Dans le cas des chiens, on parle de « fidélité », d'« amitié », de « reconnaissance », à la manière de nos manuels de morale d'antan ou dans l'esprit fondateur de la nation japonaise moderne, et pourtant le mot « chien » dénote aussi chez nous la servilité et, en association avec d'autres termes, on traitera quelqu'un de « vil animal », de « samouraï lâche et traître, » de « chien de garde », et j'en passe, mais en général ces bêtes sont sans malice. Les chats, eux, ont un don particulier pour amener les humains à se demander à quoi ils peuvent bien penser. Que ce soit Charly ou les himalayens – quatre générations de chats, quasiment isolés de leurs congénères extérieurs –, tous s'installent à la fenêtre où ils se perdent dans la contemplation du dehors. Je ne peux m'empêcher d'éprouver quelque pitié à l'idée que l'envie de sortir gambader les met sur des charbons ardents, mais si je m'approche, ils se moquent bien de ce que je ressens et se dressent sur leurs pattes avec plus ou moins de hâte, et moi qui les regarde s'éloigner, je les sens blasés de ce monde où ils ne trouvent rien qui leur soit du moindre intérêt.

Alors que c'est à moi qu'il doit la vie, Charly refuse mordicus que je le prenne dans mes bras. Envers les deux filles, il est la docilité même, se livre à elles, dans des poses quelque peu inconvenantes, se laisse épucer. Rejet de principe pour ma femme également. Serait-ce parce que c'est un jeune matou, ou parce que son inquiétude au moment où je l'ai ramassé lui revient en mémoire ? J'ai l'impression que les livres de photos et les mangas sur les chats paraissent en plus grand nombre que sur les chiens. Et les espaces blancs, les vides y sont plus nombreux que pour ces derniers. Il est possible que leurs silhouettes, leurs expressions fixées sur le papier donnent davantage à réfléchir que de les avoir pour compagnons. A dire vrai, ces dispositions sont cultivées bien plutôt en voisinant, par notre vie commune. Aujourd'hui encore, la silhouette de Dada s'éloignant pour chercher où finir sa vie reste gravée dans mon esprit.

Jardinage et chats

J'ai tondu la pelouse pour la dernière fois de l'année. Pendant ce temps, la gent féline, qui supporte aussi peu le tintamarre aigu de la tondeuse que le vrombissement de l'aspirateur, faisait le dos rond dans la maison, mais à peine avais-je terminé que tous les six ont fait une apparition générale et, encore que ce n'ait pas été une première, se sont mis à passer au peigne fin, si je puis dire, le gazon rafraîchi dont environ le tiers, il est vrai, avait déjà jauni. Pour finalement s'installer sur les parties laissées telles quelles avec leurs sept ou huit centimètres d'herbe, là où je ne pouvais passer l'appareil, comme au bas des murs ou aux endroits trop étroits.

Durant l'été, quand ils sortaient dans le jardin, la fournaise les poussait à se mettre à l'ombre des futons mis à aérer ou en dessous de la galerie extérieure. L'automne avançant, eux pourtant réputés frileux ont l'air de trouver agréable le petit vent que nous autres bipèdes trouvons frisquet, mais quelque écran qui les en protège leur est malgré tout bienvenu. Couché sur le gazon laissé haut, Charly a beau être bien bâti, ses poils courts le rendaient entièrement invisible. Il lui arrivait de tendre les pattes, nonchalant au possible, et parfois le cou, en sentant la proximité d'un étourneau ou d'un moineau. Quant aux himalayens, leurs boules touffues étaient dispersées çà et là, pareilles à de la neige qui n'a pas encore entièrement fondu.

Or, sur le gazon maintenant tondu, ils n'ont pas l'air à l'aise. Reliquat, je suppose, de cette prévoyance de la nature sauvage qui interdit de se laisser aller lorsqu'on s'expose tout entier aux regards extérieurs.

Avant de passer la tondeuse, j'ai pris la précaution de ramasser les pommes de pin, non par crainte qu'elles n'endommagent la lame mais à cause du désagréable bruit de cisaille qu'elles provoquent à son contact. J'en avais fait un tas d'une centaine lorsque Neige qui, jadis devait se prendre pour un piaf car il les ramassait et les apportait auprès de ma femme, s'est approché et s'est mis à faire s'ébouler le tas à petits coups de pattes. Aussitôt, apparition de Charly qui, lui, y va en brute et chamboule tout. Il donne l'impression d'avoir calculé son coup car les pignes sont dispersées avec une belle uniformité sur toute la surface du jardin ; en fin de journée, des crapauds censés se préparer à hiberner sortent de nulle part, je ne peux les distinguer des pommes de pin. Sous mon regard vague, une puis deux pignes se mettent en mouvement, se fondent bientôt dans l'obscurité. Je songe plus ou moins aux tremblements de terre. Il faut dire que l'olivier odorant a fleuri deux fois depuis que nous sommes en octobre.

Pour moi qui suis l'unique bipède mâle du logis, l'automne qui tire à sa fin signifie bien du tintouin : je dois m'occuper du jardin, tout modeste qu'il est. Les déchets de cuisine amassés dans le composteur durant la saison chaude grouillent d'asticots à présent, je dois prendre mon courage à deux mains chaque fois que j'en rajoute. Je retiens ma respiration, soulève le couvercle, déverse vite fait le tout et m'empresse de refermer en m'efforçant de détourner les yeux, mais allez savoir pourquoi, je finis toujours par laisser tomber un œil. Tu es devenu bien faiblard pour tressaillir devant de simples asticots – l'autodérision ne sert à rien, impossible de m'y faire, chaque fois que j'ouvre, la peur me saisit de voir surgir une énorme tornade de je ne sais quels papillons bizarroïdes.

Le temps s'est rafraîchi, le bac dans lequel j'avais versé puis mélangé au reste des enzymes censés accélérer la décomposition était resté clos de longs mois, j'ai cru le moment venu de l'ouvrir, et alors je me suis rendu compte que même si la population avait diminué, elle fourmillait encore. Dans le bac fermé hermétiquement, ils ne pouvaient être en état de voler, s'agissait-il d'insectes déjà adultes plutôt que de larves ? J'ai commencé par retourner une fois de plus à la pelle l'énorme masse compacte et noire de compost, et sa population de vers avec, je l'ai laissée ainsi au soleil puis j'ai transporté jusqu'au carré de terre et aux jardinières ce qui pour moi devait être maintenant stérilisé. Le genre d'opération qui vous fait admettre volontiers que les additifs divers et variés sont quelque chose d'épouvantable. Alors qu'ils étaient restés presque quatre mois dans le composteur transformé en étuve par les rayons du soleil estival, surgissaient tels qu'au moment de finir là-dedans fruits, racines comestibles, voire immondices jetées par mégarde avec leur pochette plastique. Une fois attelé à pareille tâche, foin de la saleté, de l'odeur, fi des bestioles. La surface ne dépasse pas la douzaine de mètres carrés mais la demi-journée n'y a pas suffi, j'ai donc décidé de m'arrêter. A ce moment-là ont débarqué les corbeaux, à se demander d'où ils m'espionnaient jusque-là. Après eux, étourneaux, moineaux, pies bleues à calotte noire, pourtant devenues bien rares ces derniers temps.

Seulement, problème avec ma personne : je pensais m'être correctement lavé, or l'odeur persiste. Les femmes tordent le nez, même les himalayens m'évitent. Il se trouve tout de même une bonne âme, l'ex-sauvageon Charly, qui d'ordinaire déteste que son sauveur le soulève dans ses bras, pour curieusement se frotter contre mes jambes, ce que je m'explique par la résurgence de lointains souvenirs du temps de son enfance sauvage, qui gisaient jusque-là dans les tréfonds de son subconscient.

Le matin suivant, je gagne le jardin pour me recolleter avec mon tripatouillage de terre, et je tombe sur Zizi, folle furieuse de voir que j'avais empuanti son domaine, où elle avait fait un chantier pas possible sur la partie que j'avais tant bien que mal mise en forme et celle où demeurait le restant de compost. Elle y était manifestement allée de toutes ses forces pour disperser l'ensemble à coups de pattes. Coquilles d'œufs, radis blancs, barquettes de pois de *nattô*, coquillages et tout et tout jonchaient le gazon uniformément tondu, il m'a bien fallu rassembler au râteau tous ces débris, mais Zizi s'est encore déchaînée contre moi.

Que la notion de territoire, qui ne peut s'observer chez l'homme, soit présente chez les chiens, les chats, les oiseaux, au même titre que chez les crapauds et les insectes, rien de plus naturel. Je ne suis pas le seul, le jardin dans sa totalité est la source d'exhalaisons malodorantes, au grand dam de ma femme et des filles.

Oh oui, il est certain que rien de tel n'arrive avec les engrais chimiques, et si on va par là, se les procurer au magasin est simple et bon marché, tandis que, pour prendre l'exemple de mes tomates, si je tiens compte du temps passé dessus, elles me reviennent aisément à mille yens l'unité. Et cela pour une saveur qui ne diffère pas d'un iota de celles vendues cent yens le petit panier.

Je me dis que j'en fais trop, mais en même temps, quand j'envisage une activité convenable à mon âge, rugby et boxe semblent exclus, tandis que le jardinage figure parmi les activités « alliant passe-temps et avantages en nature », comme l'indiquait la recommandation affichée pour l'édification des « plus de 65 ans » dans la salle d'attente de la clinique.

La fréquentation des chats m'a valu de faire une découverte : pour être en bons termes avec les chats errants, gardons sur nous les odeurs de nos détritus.

Le chat noir recueilli

J'étais en promenade avec Zizi quand j'ai aperçu, à deux reprises, un chat famélique abandonné, blotti au soleil. Sa taille m'a fait penser à Charly que je venais de ramasser, il devait avoir entre deux et trois mois.

C'était un noiraud. Sans doute cela lui avait-il valu d'être encore en vie. Plus clair, il n'aurait pas manqué d'être dévoré par les corbeaux. Le fait a été observé depuis longtemps : les pigeons de la capitale tirent en majorité sur le noir, tandis qu'à Osaka vivent des foncés, des clairs et des tachetés. Cette différence vient de ce qu'à Tôkyô, les ordures ménagères sont déposées dans la rue dans des sacs d'un plastique où entre trente pour cent de je ne sais quelle substance ; de plus, les corbeaux ne sauraient trouver endroits plus propices pour trouver leur pitance. Conséquence, ils se multiplient à vitesse grand V. A Osaka, on sort les ordures dans des conteneurs en plastique rigide qui me font penser aux baignoires des hôtels bon marché. Si robustes que soient les becs de ces corvidés, ils ne peuvent les percer, si bien que leur nombre diminue au fil des années, et ils ne viennent plus dans les rues. Les corbeaux de l'ancienne Edo s'étaient taillé une réputation de sans-gêne légendaire. « Croâ, a fait le corbeau et l'aube s'est mise à poindre. » La belle blague ! Pas davantage ne tiennent debout, ni le chant où il est dit « J'aimerais tordre le cou aux corbeaux des trois mille mondes et partager avec vous, mon ami, cette couche matinale », ni le poème « Ce soir les corbeaux ne cessent de crier, mon cœur s'inquiète ».

Les corbeaux font la sarabande vingt-quatre heures sur vingt-quatre et trois cent soixante-cinq jours par an, et ils vont jusqu'à boulotter les chatons, les chiots et les pigeonneaux. Leur attention est attirée par les tons clairs. Sélection naturelle aidant, chats et chiens passent inaperçus, mais les pigeons domestiques, au plumage clair une fois adultes, sont naturellement devenus plus rares. A l'heure actuelle, ils ont pour ainsi dire disparu.

Tu as de la veine d'être noir, toi, me suis-je dit en l'apercevant, après quelques jours passés sans le voir, et la troisième fois, je me suis décidé à lui donner à manger et, profitant de ce qu'il dévorait à belles dents, je me suis saisi de lui. Le Charly du début : la peau sur les os.

Quand il y en a pour six, il y en a pour sept, je me suis vu dans la peau du maître d'une demeure envahie par les chats.

Comme j'avais affaire à un chat sauvage, j'ai commencé par lui passer un rapide coup de serviette sur le corps et vérifier s'il présentait des traces évidentes de blessure ou de maladie. En le tripotant, j'ai perçu une vague chaleur, sa langue pointait de sa gueule. Il a un rhume, ai-je diagnostiqué, c'est pour ça qu'il respire par le nez.

A en croire ma femme, il était nettement plus jeune que Charly. Pour ne pas changer, dédain impérial de la part des himalayens, seul Charly s'est montré fortement intéressé et voulait s'approcher de celui en qui il voyait peut-être le cadet tant attendu. Lui-même doit avoir maintenant plus d'un an et, toujours d'après ma femme, il est déjà un mâle accompli.

Nous avons appelé Rôjî la nouvelle venue – c'était une femelle – noir de charbon qui, en admettant qu'elle ait bien trois mois, avait autour de cinq ou six ans pour un humain. Après avoir écarté Charly – « Tu t'intéresses aux tendrons ou quoi ? » avais-je conclu en humain péremptoire –, j'ai installé Rôjî dans mon bureau pour la nuit. Elle est restée dans son coin sans bouger, la langue toujours sortant et rentrant de sa gueule. Elle n'a touché qu'à la bouillie du genre qu'on donne aux nourrissons, a dédaigné le lait.

Le matin venu, notre fille l'a conduite chez le vétérinaire. Elle donnait l'impression de s'être encore affaiblie, parfaitement coite dans la serviette qui l'emmaillotait.

Retour une heure plus tard. Notre fille paraissait se mordre les lèvres pour réprimer un rire. Déposée devant sa gamelle, Rôjî demeurait recroquevillée sur elle-même.

« On ne lui a pas trouvé de maladie ?

— Non. La santé est bonne, et elle n'a pour ainsi dire pas de puces, m'a dit le docteur.

— On peut la baigner sans problème ?

— Tu sais, ce n'est pas *Rôjî* qu'il faut dire, mais *Rôbâ*. »

J'ai aussitôt eu devant les yeux l'image des voitures Rover, ces Land Rover à toute épreuve. Pas un prénom pour femelle, ça.

« Si elle a la langue qui pointe, c'est qu'il lui manque des dents. Plutôt LES dents, toutes, voilà la raison. »

Je ne voyais toujours pas. J'avais interprété cela comme la conséquence d'un mauvais alignement des dents.

« Elle a au bas mot dix ans, soit soixante-dix passés pour une femme. C'est donc une *rôbâ*, une vieille femme. »

Je ne dirai pas que j'ai eu la surprise de ma vie, mais enfin, c'en était une. On dit que vieillir fait retourner en enfance, mais de là à ce que ma femme et ma fille (pour ne pas parler de moi), censées bien connaître les chats, l'aient prise pour un chaton abandonné !

Rôjî était donc devenue Rôbâ, bien, mais ce n'était pas une raison pour la reposer là où je l'avais trouvée. L'intérêt que lui portait Charly était peut-être celui d'un hétéro pour quelqu'un de plus âgé, c'est la mode de nos jours.

J'ai décidé de l'installer à demeure dans mon bureau et, effectivement, elle s'est mise à passer ses journées à se prélasser au soleil lorsqu'il faisait beau ou devant le poêle électrique, quand elle ne venait pas se nicher sur mes genoux. Si elle avait vécu dehors pendant dix années, elle ne se comporterait pas ainsi. L'aurait-on abandonnée une fois devenue vieille ? Non, j'avais du mal à l'imaginer, j'aurais juré que quelque part on prenait soin d'elle à l'égal d'un membre de la famille.

J'étais devenu un voleur de chat d'intérieur.

Choisissant une journée aussi douce que possible, j'ai tiré la porte que j'avais pris soin de garder close. Rôbâ a contemplé un petit moment le jardin puis y est descendue en souplesse, a disparu à pas maladroits parmi les arbustes.

Le lendemain, j'ai découvert la vieille noiraude, au nom véritable inconnu, à l'endroit où je l'avais aperçue la première fois. Ma première réaction a été la pitié, mais ainsi qu'elle m'apparaissait, consciente de son grand âge, dans l'attente du moment où la Mort vient vous prendre, comme on disait voici quelques générations, c'était une créature pleine de dignité, et elle m'a souverainement snobé, moi qui m'excusais de l'étrange piqûre que la blouse blanche lui avait fait subir, et elle est demeurée immobile, sa langue toujours pointant, les yeux mi-clos.

Les maladies de nos chats

Les humains, à mon sens, devraient laisser agir la nature au moment de mourir – cela dit, je n'ai pas encore expérimenté cette situation de façon concrète.

Ceci ne concerne jamais que les autres êtres vivants, et j'aurai beau avoir fait en sorte de bien recommander à mon entourage de me laisser mourir dans la dignité, je ne peux savoir comment me traiteront ceux qui resteront après moi.

Il se peut que je me débatte comme un beau diable devant la perspective fatale, comme il se peut aussi que le toubib, par égard pour les sentiments des membres de la famille, se livre sur moi à d'inutiles opérations ou soins médicamenteux que je n'ai jamais souhaités.

D'ailleurs, si je deviens gâteux, je ne serai plus en état de me rendre compte de quoi que ce soit. Et il serait présomptueux de ma part d'exiger maintenant qu'on m'euthanasie si, d'aventure, cela m'arrivait.

Il est beaucoup question de nos jours de vaincre le cancer, cependant, m'a dit mon toubib, s'il advenait que ce mal, ou le cours naturel des choses, soit totalement surmonté par le fait de la prétention humaine, c'est un enfer que l'homme se préparerait. Idem en ce qui concerne l'atteinte cérébrale ou cardiaque, la mort qui autrefois en résultait sans autre forme de procès est aujourd'hui fréquemment repoussée ; passe encore si cela se soldait par une réintégration sociale, mais dans bien des cas, c'est plutôt synonyme de simple survie. D'après un ancien camarade devenu médecin, les décès dus au cancer et aux pathologies du cerveau ou du cœur, qui sont le lot plus ou moins obligé de la vieillesse, sont en diminution grâce aux avancées médicales, a priori je ne verrai pas de mon vivant le monde empli de vieillards séniles traînant çà et là, mais je me demande ce qu'il en sera dans les vingt ans à venir.

J'ai évoqué précédemment la manière dont meurent les chiens et les chats.

Ces derniers temps, notre petit himalayen, le fragile Neige, et le plus doux, comparé à ses semblables, incapable de malveillance envers le nouveau venu Charly, est pris de toux incessantes.

Sa faible constitution est avérée, de là un estomac fréquemment détraqué, des vomissements, des rhumes en série. A l'inverse, les vieilles Midori et Coco arborent toujours belle figure et poil brillant, poil qui semble pousser avec le froid qui arrive. Elles agissent par trois en règle générale et lorsqu'elles sont affalées sur la table de la cuisine, les maîtres peuvent aller siroter leur thé ailleurs.

Seulement voilà, le processus de sénilité auquel il n'existe pas de remède s'est mis en branle, tout particulièrement chez Coco qui, dès qu'il s'agit de se nourrir, présente des symptômes d'amnésie. Alors qu'elle vient à peine de manger tout son soûl, le bruit que je fais en ouvrant une boîte à moi destinée suffit à la faire surgir, le regard lourd d'envie. Et qui joue les trouble-fête lorsque Charly, l'éternel retardataire, est en train de manger ? Coco, bien sûr.

Les quintes de toux de Neige ne faisant qu'empirer, je l'ai emmené à la clinique, en lui joignant du même coup la susnommée Coco, pour un examen qui devait déterminer la gravité de sa démence.

Nous sommes donc partis pour l'une des quatre cliniques qui se trouvent à une dizaine de minutes en voiture de la maison, et cela sans savoir laquelle. Pour quelle raison ? Parce que les vétérinaires auxquels nous sommes attachés, ma femme, ma fille, l'ami d'ami qui conduit et moi, ne sont pas les mêmes.

L'horaire peut faire aussi que l'on découvre une salle d'attente comble. Je n'ai pas le permis de conduire, aussi ai-je recouru à l'ami d'un ami pour m'y conduire, ce qui me place dans une position d'obligé et fait que je me retrouve chez un vétérinaire que je connais depuis longtemps, d'apparence peu faite pour inspirer la confiance, et dont le matériel est loin d'être tout récent.

Là se trouvaient déjà des patients, au nombre de trois, je devrais plutôt dire trois dames d'un certain âge ou d'un âge certain, accompagnées de leurs chienchiens et minous, tous d'âge vénérable. Un chien d'une race indéfinissable qui m'a fait l'effet d'une chiffe sur pattes, un chat tricolore à l'agonie dans son panier, un caniche apparemment pris d'une crise d'asthme, et à chacun sa maîtresse respective parlait comme à un bébé, devant moi et mes deux chats que je tenais sur mes genoux dans une serviette.

Les chats craignent moins que les chiens les blouses blanches, mes himalayennes tout spécialement, qui étaient carrément impassibles. A notre Zizi tout comme à nos chers disparus Oscar et Callas, une piqûre a suffi pour leur faire passer l'envie de franchir le seuil une seconde fois. La piqûre en soi ne semble pas être douloureuse, c'est plutôt l'atmosphère qui entoure ladite blouse blanche, à moins que l'odorat canin ne détecte des effluves de mauvais augure, en tout cas, pour ce qui est de Zizi, je l'avais sortie pour sa promenade – avec pour objectif inavoué de la faire vacciner – et elle trottait, tout émoustillée, le long du chemin. Arrivée en vue de la clinique, elle s'est mise à tirer sur sa laisse de toutes ses forces dans la direction d'où nous venions, à tel point que le vétérinaire n'a pu faire autrement que de sortir et de lui faire son injection devant la porte. De même pour les comprimés. Dans leur ensemble, les chiens sont, comment dire, plus maladroits que leurs compères félins pour les avaler, ou alors plus méfiants, et on a beau fourrer le médicament dans un alléchant morceau de quatre-quarts, ils avalent celui-ci mais recrachent soigneusement ce qu'ils ne veulent pas.

Pour revenir aux clientes de la salle d'attente, je gage qu'elles ne m'auraient pas témoigné une once d'intérêt si nous nous étions rencontrés sans nos bêtes respectives. Mais j'avais mes chats dans les bras et les trois mémés, plutôt rébarbatives à mes yeux, se sont adressées à moi sans cérémonie, et si leurs compliments sur ces « himalayens de toute beauté » m'ont fait un certain plaisir, je n'ai rien trouvé à leur répondre en échange. L'honnêteté aurait voulu que ce soit quelque chose du genre : « Allons, mesdames, faites-vous une raison, laissez-les donc mourir en paix. » Alors que je me tenais sur mes gardes, de peur que leurs chouchous ne refilent leurs maux à mes himalayennes, ces dames se sont mises à les caresser de leurs mains souillées de bave ou de chassie. Et moi, ensuite, de frotter avec la serviette, avec discrétion mais énergie, les endroits caressés, tout en me disant : « Le jour où une de mes bêtes en sera arrivée à ce point de déchéance, pas question de faire quelque chose. » Mon expérience m'a enseigné que les animaux n'ont pas besoin qu'on se mêle de leur fin de vie, ils savent très bien partir en beauté. Coco perd la tête, Neige a un rhume. Le vétérinaire a troqué l'habituel « Portez-vous bien » pour un « Bon, revenez me voir demain ».

Coco la gâteuse a encore gagné en majesté, Charly s'est chamaillé avec le matou voisin pour une question de contentieux territorial, cette fois encore il ramène une blessure ; inutile de préciser que je m'en lave les mains.

Zizi a un gros vague à l'âme

Au moment où ma femme et ma fille, qui partaient les premières pour la salle de mariage, franchissaient le portail, Zizi n'avait d'attention que pour son assiette. Pour celle qu'elle considérait comme sa maîtresse en titre, notre aînée Maô, allaient se succéder la cérémonie nuptiale, le banquet, le voyage de noces, après quoi elle commencerait à vivre dans son nouveau foyer. Elle nous rendrait bien une petite visite de temps à autre, il n'empêche qu'elle nous quittait bel et bien. Si, pour moi, tout cela était bien loin de la réalité, j'appréhendais qu'en animal où gisait encore l'instinct naturel, Zizi ne flaire vaguement l'ambiance et ne se mette à aboyer ou à se lancer derrière elle ; mais l'intéressée profitait béatement de la vie. Elle s'empiffrait du petit festin préparé par la bientôt absente : œuf cuit à l'eau d'une station thermale, morceau de porc rôti et gâteau aux fruits. Quinze jours plus tard, la jeune mariée est venue récupérer les photos développées entre-temps et quelques objets d'usage courant. Cette fois, Zizi a paru enfin réaliser la bien longue absence de sa maîtresse, elle s'est mise à gambader et à manifester une joie exubérante, s'est précipitée à l'intérieur après s'être lancée contre la porte d'entrée. Joie tout à fait légitime, aussi l'ai-je laissée se planter à côté de notre fille. Pareil déchaînement de passion avait surpris les himalayens qui s'étaient tous esquivés je ne sais où, à l'exception de l'ex-sauvageon et copain de Zizi, Charly, qui, près de là, la regardait gesticuler comme si elle était redevenue un jeune chiot. A ses yeux, elle jouait, et il paraissait avoir envie d'en être. A un an et des poussières, comme on estime son âge, Charly a légèrement changé ces dernières semaines. Vers le mois de novembre, il livrait bagarre sur bagarre à l'extérieur et en revenait chaque fois couturé et pas très propre, mais sans doute la saison de la chasse a-t-elle pris fin pour lui car il se montre à présent intéressé par la télé, cou tendu vers l'écran qui le domine, de quoi fatiguer la nuque à la longue, et il n'est pas avare de salutations. Se croise-t-on en début de journée, il miaule, de même miaule-t-il chaque fois qu'il fait un passage dans mon espace. Ses goûts en matière de nourriture se sont encore affûtés, au détriment des plats du commerce et au bénéfice de ce que nous laissons dans nos assiettes. Je subodore chez lui l'illusion que c'est lui l'humain, et non les himalayens, car le voilà qui prétend même partager notre bain.

Pas complexé pour deux sous, le petit gredin, qui, à peine ma femme a-t-elle terminé d'étendre les futons, s'y faufile prestement, ou qui, voyant les corbeaux pointer le bec vers les restes de pâtée de Zizi, tout modèle réduit qu'il est, ose faire face et chasse avec des sifflements de semonce ces volatiles au bec d'acier.

Revenons à notre fille qui s'apprêtait à retourner chez elle : Zizi, qui cette fois s'était fait une idée claire de la situation, s'est ruée pour retenir la visiteuse en train de se diriger vers le portail, puis, voyant qu'elle n'y arriverait pas, a tenté de sauter depuis le toit du garage. La voiture était garée immédiatement en dessous, il lui était possible de se rapprocher en la longeant. J'ai dû l'attacher en toute hâte. Ce soir-là, elle a hurlé un long moment depuis le toit du garage. Dans le voisinage, on devait avoir décidé de se prémunir contre les tremblements de terre car de nombreux pavillons étaient en travaux, du matin au soir on entendait un vacarme infernal. Pour une fois, tu peux bien aboyer toute la soirée, on sera quittes – ce raisonnement tout personnel m'a convaincu de lui fiche la paix. La semaine qui a suivi, donnant libre cours à ses sentiments, elle m'a mordu au doigt deux fois.

Il me semble impossible que Charly ait compris le coup de blues de Zizi, cependant il allait souvent se blottir auprès d'elle, dans la niche où elle s'enfermait. Au début, craignant que dans son agitation elle ne le happe d'un bon coup de mâchoires, j'ai gardé un œil sur eux. Un seul regard à mes morsures prouvait que les dents d'un husky adulte ont de quoi impressionner. Un peu plus tard, lorsque je l'ai emmenée faire sa promenade, Charly s'est mis à nous suivre. Il ne marchait pas à côté de nous mais à cinq ou six mètres derrière, réapparaissait soudain devant, sans faire de détours, à la même allure, tout en suivant des yeux sa copine que des odeurs attiraient de-ci de-là. Zizi et moi sommes partis au pas de course sur le chemin longeant la rivière : plus de Charly. Nous l'avons retrouvé à notre retour au bercail, apparu de sous un massif du jardin, comportement que je n'avais jamais noté chez les himalayens. Ce sont les bâtards qui fraient de cette façon avec l'homme. Ils ne survivraient pas sans cela, d'ailleurs. Mimi, un de nos visiteurs extérieurs, qui a son couvert dans deux ou trois maisons en plus de la nôtre, fait preuve d'une véritable affabilité, quand on le rencontre dans la rue, il esquisse un pas ou deux vers nous. Ce sont des flatteries qui dérogeraient chez un authentique chat errant, jamais les purs ne se laisseraient caresser par les humains.

Noël, Nouvel An, c'est bien beau, mais nous ne sommes que deux, aussi, pour qu'au moins les chats aient leurs étrennes, j'ai acheté un arbre et une imitation de niche qui, dans mon esprit, était le plus susceptible de plaire à Charly. La maison a illico trouvé un locataire en la personne de notre souffreteux Neige, Midori et Coco se sont juchées sur le toit d'où elles observaient les alentours, du coup Charly est resté à distance. C'est déjà parce qu'il était frappé d'ostracisme qu'il en est venu à se nourrir de nos rogatons. Il est décidément permis de parler de méchanceté à propos de ces chats. Tous les cinq se mobilisent pour occuper la table de la cuisine et ne laissent aucune place de libre, et lorsque Charly approche, les crachements menaçants fusent sur lui. Si je laisse entrebâillée la porte qui donne sur le jardin, deux compères viennent se poster devant pour l'empêcher de rentrer. Si ma femme l'appelle lorsque Neige n'est pas près de lui, la bande s'éloigne, l'air de dire, ah, je vois, c'est celui-là qu'on demande, hein ? Kurata, lui, pousse jusqu'à se soulager de quelques gouttes avant de rejoindre les autres.

Après le tremblement de terre de Kôbe, des dizaines de chiens qui s'étaient trouvés séparés de leurs maîtres étaient attachés aux arbres des écoles et gymnases accueillant les sinistrés. Aujourd'hui encore, des animaux qui n'ont toujours pas retrouvé de maîtres sont tapis dans des boîtes en carton ondulé près du marché provisoire de la Coop, du centre des relogés en attente, du village de toile. Passons sur les séquelles psychologiques chez les humains. Ces chiens ont été visiblement traumatisés, trahissent un état dépressif non équivoque, tremblent de tous leurs membres. Ravagé à quatre-vingts pour cent, mon ancien quartier a été reconstruit presque entièrement à coups de pavillons aux normes antisismiques dans lesquels, à les observer de l'extérieur du moins, on ne devine aucun animal domestique. Après la seconde guerre mondiale, une fois la situation peu ou prou devenue meilleure, les gens avaient adopté des compagnons, chiens ou chats. Bien que dans les deux cas on se soit relevé d'un champ de ruines, les sentiments des sinistrés ne sont pas comparables. J'attribue cela au fait que le séisme a été plus épouvantable encore. Que le même se produise à Tôkyô, et notre pavillon de bois bâti il y a trente ans subira le sort d'un château de cartes. Mais la niche de Zizi devrait tenir le choc, et comme elle est de belles dimensions, je compte m'en faire un gîte, le temps qu'il faudra ; j'ai déjà entreposé un certain nombre de couvertures dans cette intention. Je n'ai pas oublié que, jeté dehors bien des fois au temps où je buvais, il m'est arrivé de passer la nuit en compagnie de Zizi.

Le fainéant, sa chienne et ses chats

Le plus doux de nos compagnons à pattes, le plus petit également, Neige, a attrapé un rhume. Je ne saurais dire s'il faut voir là un rhume au sens strict du terme, toujours est-il qu'il tousse. Mais je m'exprime là encore en humain, peut-être ne fait-il qu'éternuer à répétition. Seulement, nous l'avions déjà conduit chez le vétérinaire dans une occasion semblable et ce dernier avait déclaré qu'il y avait un risque de pneumonie.

Ma femme l'a aussitôt emmené à la clinique qui venait d'ouvrir à proximité. Un moment après, le téléphone sonnait, injonction m'était faite d'amener aussi Yume, que je n'avais qu'à mettre dans un panier, ce n'était jamais qu'à dix minutes à pied. J'ai accepté sans faire de difficultés. Parmi les quatre derniers, Midori et Coco sont très reconnaissables avec leurs airs de vénérables matriarches. Entre Kurata et Yume, par contre, je suis bien incapable de faire le distinguo. Le premier étant un mâle, j'ai tâté et regardé où je croyais bon pour en avoir le cœur net, malheureusement, ce n'est pas le genre de chose à quoi je me livre tous les jours, et d'abord, ses poils étaient tout emmêlés, je n'ai donc pu découvrir de preuve palpable. J'ai lancé son nom, mais tous deux m'ont paru nerveux, sont montés sur mes genoux, se sont frottés contre moi. A la réflexion, l'une est la mère de l'autre. Yume, la mère, se laisse encore lécher par sa génitrice, dont je ne saurais dire qui c'est, de Midori ou de Coco. Kurata est le total fifils à sa maman, il déteste mettre la patte dehors, sa principale occupation étant de déambuler sur le parquet et d'imposer sa marque s'il découvre quelque chose.

A la saison des amours, feu l'empereur Dada arrosait d'un jet bien droit à l'horizontale, ce que Kurata ne fait pas, quant à Charly, ces derniers temps il se contente d'un pipi d'oiseau, pour que ce soit dit, pas plus, et je me demande si de ce côté-là aussi, il ne se gêne pas.

C'est celui-ci, à coup sûr, ai-je décrété ; arrivé à la clinique, c'était Kurata.

« Après toutes ces années, tu n'es pas encore fichu de faire la différence ? » m'a dit ma femme, abasourdie, avant que le malheureux, qui ne souffrait de rien, ne reçoive lui aussi son injection. Dans cette nouvelle clinique, on dispensait également des soins de beauté, ce que m'apprenaient les affiches avec leurs photos de chiens et de chats à longs poils drus auxquels un toilettage ne manquerait assurément pas de donner une magnifique allure. Ça ne doit pas donner grand-chose sur un husky, songeais-je en les contemplant lorsqu'au même moment, est entré un jeune homme en survêtement avec un husky surdimensionné par rapport à notre husky maison, mais à poil court, lui, qu'il a déposé avec désinvolture – « Merci d'avance, à tout à l'heure » – puis il est ressorti. Je savais que cette clinique était une sorte d'annexe d'un établissement qui regroupe un important hôpital vétérinaire et un hôtel, du côté de Setagaya.

« Un husky qui vient d'être toiletté ne se salit pas tout de suite ? » ai-je demandé au jeune médecin. En effet, lorsque je viens de laver Zizi, à croire qu'elle veut se venger, elle est encore à moitié mouillée qu'elle se roule et se frotte sur le gazon, dans la terre, va jusqu'à creuser un trou et se maquille la truffe de noir au point d'évoquer maladroitement la figure traditionnelle du cambrioleur. L'été, s'y ajoute un plongeon dans la petite mare, d'où elle ressort carrément crottée.

« Non, cela n'arrive pas.

— Tu vois ! Docteur, mon mari ne se lave jamais, il est persuadé que c'est mieux comme ça. »

Fierté de ma femme en disant ces mots. Je l'avoue, je ne prends pas de bain. Non que je déteste cela, mais je trouve l'opération un brin compliquée, aussi je me passe sur le corps une serviette humide, qui finit noire à un point que je me fais honte moi-même. Pour les vêtements, je ne dirai pas qu'ils me font une saison et basta, non, mais en général ce n'en est pas loin. Lorsque j'ai fait quelques mouvements après de longues heures de travail à mon bureau, je perçois mon odeur corporelle et je trouve que cela fait mauvais effet mais en même temps que l'odeur dégagée par ma carcasse n'est pas aussi désagréable qu'on veut bien le dire. L'un des avantages de pouvoir envoyer mes textes par fax est qu'avant, j'étais toujours un peu embarrassé au moment de les remettre en mains propres. Clochard intégral sous mon propre toit, quand le froid gagne en intensité de l'automne à l'hiver, j'enfile une chose puis une autre par-dessus et ainsi de suite jusqu'à faire penser à une dame de l'ancienne cour parée de sa tenue multicouches *jûnihitoe*, et pas question de me changer pour la nuit, encore que cette année j'aie allumé le poêle à gaz, et je suis donc en chandail. Je sors dans cette tenue pour récupérer un courrier ou un autre, l'air est froid, je me fais la remarque que ce n'est pas indiqué pour la circulation sanguine, aussi je rentre et je me mets quelque chose sur les épaules, puis je réintègre mon bureau ; là, j'ai beau être en sueur, je ne me change pas. La mi-février a été pas mal douce. Le clochard – un professionnel celui-là – qui vadrouille dans le quartier est resté bougrement couvert, il m'a fait pitié ; reste que moi-même je suis fainéant et malpropre. Je n'ai qu'à frotter un peu le dessus de mes mains pour faire surgir des boulettes de crasse, ce qui a le don de me rendre fou, je me gratte alors la tête pour faire tomber mes pellicules, je me cure les trous de nez, activités dont je retire un plaisir certain.

Rien ne dit que Zizi ne goûte pas lui aussi, à notre insu, à cette jouissance secrète. A quoi bon, me direz-vous, prendre un bain et se faire une beauté quand on est d'une race qui cavalait jadis à travers le permafrost ou les neiges sibériennes ?

Mes femmes étaient en train de laver nos chats. La tâche n'est pas aisée, même avec Neige, le plus petit, elles doivent s'y mettre à deux. Depuis que notre fille aînée a convolé, ils n'ont pas été lavés, mais il est vrai que l'hiver est arrivé dans l'intervalle. Aucun n'a l'air particulièrement sale, si ce n'est Charly qui découche et l'est autant que tous les autres réunis. Tout en muscles à l'instar d'un culturiste, il a toutefois perdu ce qui faisait jadis de lui un beau brin de chat. J'ai renoncé à la boisson, il y a des canettes de bière de reste, ce qui m'a fait songer qu'avec un faciès pareil il en boirait certainement, je lui en ai proposé mais non, fin de non-recevoir de monsieur.

J'ai donc saupoudré d'herbe-aux-chats le bord de son écuelle puis rusé pour que sa langue vienne à toucher la bière au moment où il lécherait la poudre. Nouvel échec, non seulement il ne voulait pas de bière, mais voilà qu'il n'appréciait même plus ce *matatabi*, que les himalayens, eux, sont pourtant prêts à toutes les contorsions pour déguster. Bougre de matou contrariant, toi qui as connu l'état sauvage, tu pourrais picoler un peu, il n'y a pas que la crasse dans la vie.

La fin de Neige

Celui dont chacun de nous voyait que sa vie ne tenait qu'à un fil, Neige, nous a quittés. Il est mort, nous a-t-on expliqué, d'une « infection par le calicivirus félin » compliquée d'une « panleucopénie » ou typhus félin.

C'est notre fameux vagabond Charly qui lui a refilé l'agent mortifère.

Voici une quinzaine, celui-ci était venu se blottir dans un coin de mon bureau, les yeux agités de curieux clignotements. Et comme la saison des amours approchait, j'en avais conclu qu'il revenait de s'être battu au-dehors. Pas à dire, le sacripant était abonné permanent aux plaies et aux bosses.

Mais comme il ne montrait pas de signe d'appétit, que ses yeux paraissaient bizarres et que j'avais perçu une certaine chaleur en le prenant dans mes bras, j'ai préféré le faire examiner.

Diagnostic : grippe, à nous de le tenir au chaud. Une grippe, non, mais un bon rhume, c'est ce que j'avais attrapé en février. Le temps s'étant curieusement radouci à la mitan du mois, j'en avais profité pour m'atteler un bon coup aux soins du jardin, puis ç'avait été au tour de la neige de se mettre à tomber, et c'était manifestement ce chaud et froid qui avait été fatal. Je ne sais pour ainsi dire pas ce qu'est un rhume, j'ai beau me plaindre de prendre de l'âge, je ne me suis pas soigné. Confus à la pensée que mon brave Charly avait pâti de mon rhume, je l'ai enfermé dans mon bureau bien chauffé. J'ajouterai au passage que notre home est dans le plus pur style japonais, traversé de courants d'air, chiche en chauffage moderne, à quoi ma moitié a fini par s'habituer elle aussi, ce qui ne va pas sans surprendre parfois nos visiteurs. Ne pouvant tout de même observer : « Il ne fait pas bien chaud chez vous, dites », ceux-ci profèrent un « Vous avez de la santé », tout en louchant vers le pardessus qu'ils ont eu l'imprudence de retirer.

Charly s'est rétabli en peut-être trois jours. Là-dessus, c'est la plus costaude, l'auguste Midori, qui s'est mise à éternuer. Ce n'était pas une nouveauté, et puis elle a le poil si long que ça doit lui titiller la truffe, je me suis dit, en prenant cela à la blague, or cette fois, le mal était tenace et l'un après l'autre, Coco, Yume puis Neige se sont trouvés patraques. A l'examen, on leur découvrait les yeux chassieux. Non seulement ils avaient perdu l'appétit, mais ils ne buvaient pas leur eau. Dans un cas semblable, chez les humains, la mine et le son de la voix sont éloquents. Surtout, nous disposons du langage pour décrire nos propres symptômes. Lorsque Charly se sent mal, il se réfugie immédiatement dans un coin du bureau, mais ce n'est pas le cas des himalayens.

Inquiets, nous les avons conduits tous trois à la clinique, pour apprendre qu'à cause des deux pathologies citées plus haut, ils présentaient déjà des symptômes de déshydratation. La déshydratation humaine se traite par perfusion, pour eux, ce fut d'abord par *plunger*, dans la gueule. Ont suivi trois injections de je ne sais quoi à l'aide d'impressionnantes seringues, puis cette fois encore : « Qu'ils restent bien au chaud. »

Bien forcé d'acheter un chauffage au gaz. Mon bureau étant le plus facile à chauffer, les trois chats y ont été installés.

J'ai posé le thermomètre à même les tatamis, c'est-à-dire à l'endroit où les chats étaient couchés, et réglé l'appareil à la température qu'on nous avait recommandée, soit 20 °C minimum. La température avoisinait les 25 °C à hauteur de ma tête, là où je me tiens assis ; quant au couloir, trop froid, hors de question de l'utiliser. Je suis sorti après avoir jeté un blouson sur mes épaules, alors qu'à l'intérieur j'étais en chemise à manches courtes, quant aux chats, ils ne semblaient pas souffrir plus que cela, simplement, ils ne bougeaient pas de la place où ils se tenaient recroquevillés. J'ai empli de leurs mets favoris trois petites assiettes, à la manière des bons restaurants traditionnels, les ai posées dans un coin. Midori, Coco, Yume et Neige ont chacun leurs préférences. Mais je ne saurais dire avec précision qui aime quoi.

Neige était d'un naturel délicat, sa mère Yume, déjà, lorsque nous l'avions baignée, peu après sa naissance, s'en était trouvée dérangée. Mère et fils souffreteux, Midori et Coco bâties à chaux et à sable. Chaque matin, à neuf heures, visite à la clinique avec les quatre, opération passablement épuisante, chacun requérant des soins assez longs, sans compter que d'autres patients se présentaient à leur tour. Mon impression était que, mis à part un mathusalem canin véritablement aux confins ultimes de la sénilité, nos chats étaient les plus malades.

Nous ferions encore mieux de les laisser ici, ai-je songé un instant, mais nos chats ayant toujours été hyper choyés, cela n'aboutirait qu'à les déprimer davantage, bref, nous les avons ramenés au bercail, dans mon bureau, dont les dimensions ne sont pas précisément grandes, je me suis vu alors entouré de mes trois valétudinaires circulant d'un pas lourd, chacun en quête d'une place à lui, j'imagine. Le moyen de travailler dans ces conditions ! C'est le 1er mars qu'ils sont tombés malades, et pour ce qui est de l'évolution de leur maladie, je me propose d'en parler ultérieurement. Car si Midori s'est remise à marcher, clopin-clopant, l'état de Coco et de Yume demeure préoccupant.

Neige est mort paisiblement. Sans manifester le moindre signe de souffrance, cela dit, je n'ai pas assisté à ses tout derniers instants. Le 6 mars, finalement, tous sont calmes, c'en est au point que je dois les observer avec la plus grande attention pour être sûr qu'ils respirent. Les chats ont une température corporelle de 38,5 °C, ai-je appris, et je pose légèrement la main sur eux de temps en temps. Leur poil est épais, il fait une forte chaleur dans la pièce. En regardant mieux, je découvre qu'ils ont les yeux chassieux, le nez bouché, du sang leur suinte aux lèvres, pour cause de stomatite. Par intervalles, une quinte de toux s'échappe de ces corps, suivie d'une seconde, bruyante que c'en est inimaginable. J'ai trouvé le corps de Neige très beau, sans rien d'anormal. Malades, les chats ont le poil en broussaille, défraîchi. Lui, censé être le plus faible, paraissait avoir recouvré sa fraîcheur, et pourtant, mon instinct m'a dit qu'il était mort.

Au bout d'un petit moment d'observation, j'ai porté la main sur lui. Aucune réaction. Réduit à l'état de chiffe, Dada m'avait fait ses adieux avant de disparaître ; Fubuki, elle, attendait des petits et s'était un peu agitée avant de mourir, sans doute parce qu'elle était atteinte d'hypertension artérielle. J'ai assisté aux derniers moments d'un certain nombre d'animaux, mais Neige, je ne l'ai pas vu partir, alors même que j'étais en mesure de le voir. Sa température était déjà tombée à 36 °C, ce qui devait être très froid pour un chat, mais ma main n'a pas enregistré de sensation de froid.

Je l'ai recouvert d'une serviette, j'ai appelé ma femme et je suis allé faire l'acquisition d'un pot de fleurs chez le fleuriste, le pépiniériste plutôt, qui ouvre de bonne heure, pas loin. J'ai essayé de me remémorer ce que Neige aimait, sans succès.

Il est demeuré ainsi la demi-journée dans mon bureau. La façon dont il est mort me fait envie.

Mort d'une compagne féline

Neige mort, est venu le tour de Yume. Grippée elle aussi, Coco est encore trop atteinte pour pouvoir manger seule.

Quand on vit en compagnie d'êtres vivants, humains inclus, il est dans l'ordre des choses de voir un tel disparaître, une telle faire le grand voyage. Mais la vue des petites dépouilles de nos chats m'a donné à penser. Il n'est pas bon de donner dans l'excès de sentimentalisme. Pour l'heure, je me contente de faire le vœu que se rétablisse Coco, qui peut avoir soixante-dix ou quatre-vingts de nos années.

Les soins de nos chats malades sont confiés à ma femme, moi, je suis chargé de les mener à la clinique. Je ne conduis pas et je pourrais très bien transporter Coco dans un panier, mais cela me fait pitié de porter ainsi cette vieille chatte à la vue elle aussi problématique, pelotonnée, immobile, qui continue scrupuleusement de se traîner jusqu'à sa litière.

J'ai donc demandé à un ami de nous y conduire. Il fut un temps où c'était une véritable épreuve que d'emmener quatre bêtes, de stationner devant la clinique et de les confier à tour de rôle au vétérinaire. Bougrement stressant. Pour autant, les salles d'attente de ce genre d'établissements ont une atmosphère bien à elles, les gens ont l'air sympathiques, encore que je ne jurerais pas que je dirais la même chose si je les rencontrais en d'autres circonstances.

Un jeune homme aux cheveux teints en brun, dont je m'efforcerais de ne pas croiser le regard si je le rencontrais sur le même trottoir, une expression grave sur le visage, serre un corniaud dans ses bras. Je sais bien qu'il ne faut pas juger seulement sur la mine, mais je ne peux m'empêcher de penser que c'est un petit gars sympa. Sur cette réflexion se présente un couple âgé poussant un landau dans lequel est couché un chien très affaibli. La vieille nous explique, dans un débordement de jovialité : « Il a la même maladie que mon homme. Pardi, c'est d'avoir été pourri gâté. » Un chat diabétique, je n'avais jamais entendu parler de ça, mais bon, je me dis que son mari est comme nos chats, il est loin d'avoir une vie malheureuse, et cette pensée me réchauffe le cœur.

Si nous étions dans une clinique ordinaire et que j'étais face à une mère avec un enfant malade dans les bras, un vieillard accompagné qui ne tient debout que parce qu'il est soutenu, ou un jeune décoloré à la mine ténébreuse, j'aurais un coup de cafard. Mais à vrai dire, mes visites à ce genre d'endroit sont épisodiques, dictées par la nécessité de venir chercher des somnifères, et je croise plutôt des dames chez qui je ne discerne aucun symptôme de maladie ; la salle d'attente ne m'offre pas l'occasion de méditer à loisir sur la condition humaine.

Les pensées de la famille, et quand je dis famille, ce sont seulement ma femme et moi, vont spontanément à Coco malade. Si elle est dans son panier, nous lui parlons, si nous la voyons marcher en trébuchant, la compassion nous fait refaire ailleurs une litière.

Ceci n'a pas l'heur de plaire, dirait-on, à Kurata, l'aîné de Neige. Comment ça se fait que tu ne m'accordes pas d'attention, à moi ? Mine de rien, il vient dans mon bureau, fait ses griffes contre la paroi. On dirait parfois qu'il ne s'explique pas l'absence de son frère et, mais je me fais peut-être trop d'idées, il gagne souvent l'étage et son couloir, un lieu que Neige affectionnait, vadrouille là où ce dernier se couchait, de même rôde-t-il dans le jardin, toutes choses qu'il ne faisait pas jusque-là.

Et c'est maintenant notre ex-chat errant Charly qui lui aussi est mal fichu. Toujours rembarré par Midori qui a recouvré la grande forme, il vient se rencogner dans mon bureau, l'oreille basse, pitoyable comme jamais, et ne sort plus de la maison.

Voilà bien des manières pour penser à la fugacité de notre bas monde, alors qu'au fond, il ne s'agit jamais que de la disparition de tes chats, tu te fais vieux. C'est le genre de méditation auquel je me surprends à me laisser aller ; cette année, le cerisier est d'une beauté tout à fait exceptionnelle, les pépiements des moineaux ont encore diminué, je m'inquiète qu'ils ne soient morts de froid car l'hiver a été rude, autant de réflexions qui font probablement l'ordinaire de la vieillesse.

Et justement, comme nous voulions modifier l'arrangement des chambres, nous avons déplacé le piano droit. Et mis au jour, en même temps que des années de poussière, plusieurs dizaines de pommes de pin. Que le regretté Neige avait apportées là.

A deux ou trois ans, il s'était mis à ramasser les pommes de pin du jardin, qu'il s'empressait de déposer au chevet de ma femme. Elle sursautait parfois de surprise en en découvrant cinq ou six tout près de son visage. « Tu crois qu'il se prend pour une souris ? Ce serait une vraie, tu peux être sûr que je tomberais dans les pommes », m'avait-elle avoué un jour, comme si, en position horizontale, elle risquait de tomber ! Se peut-il qu'on ait une syncope pendant son sommeil ? Qu'on sorte de cette syncope sans s'être rendu compte de rien ? Tiens, ça me rappelle, on parlait dans le temps du « roman de la syncope », dont le grand-maître était Kawakami Sôkun... je songe, entre autres incongruités.

Après avoir transporté les pignes près de ma femme, on dirait bien que Neige les a accumulées derrière le piano. Ce sont des cadeaux, je ne peux pas les jeter, avait-elle décidé, et puis ces « cadeaux » avaient fini par disparaître, on ne sait quand, nous ne nous en étions pas inquiétés, mais en les redécouvrant sous leur couche de poussière, divers souvenirs resurgissent. Coco, la mère de Neige et de Kurata, avait failli mourir à la naissance. Nous l'avions enveloppée dans une serviette, massée avec d'infinies précautions, et elle avait retrouvé le souffle ; plus tard, toute fragile qu'elle était, elle n'en avait pas moins donné le jour aux deux chatons puis les avait élevés.

Des cinq, je ne peux mettre un nom que sur Midori, qui est plus grande que la moyenne, il est vrai. Histoire de ne pas les confondre, je leur avais noué au cou une faveur de couleur : rouge, jaune, vert, blanc, celle de Coco était la rouge.

Elle vit ses derniers jours et mon intention est de l'aider à connaître une fin paisible. Une fois là-haut, demande donc de prendre soin de toi à celle dont j'ai emprunté le prénom, Coco Chanel.

Repas et blessures de nos chats

Cette année, Coco s'en est allée à son tour, en compagnie des fleurs de cerisier d'une si exceptionnelle beauté. Ce qui fait que notre colonie féline se voit réduite de moitié, de même que les dépenses de nourriture. Les deux survivants himalayens ont beau manger uniquement de la nourriture pour animaux d'intérieur, boîtes et croquettes ne diminuent pas. Même chose pour le sable de leur bac. Charly, lui, s'en tient à son menu: nos fonds d'assiettes. Saumon, hareng bouilli, miettes de thon, toutes ces conserves qui abondent dans les supermarchés sont enfin devenues accessibles à la fin des années 1940, pour le plus grand plaisir de tous. De temps à autre a lieu une journée de promotion et leur prix est alors inférieur à celui des boîtes pour chats. Il m'est arrivé d'en acheter en me disant que le riz bien chaud saupoudré de miettes de thon devait être fameux. Aux antipodes de ces messieurs qu'il est convenu de qualifier de gourmets, j'ingurgite tout ce qui se présente, et j'ai cessé de me prendre la tête question nutrition. Comme on m'a retiré les deux tiers de l'estomac, je suis enclin à manquer de fer, d'autre part, je fume ; à l'époque où je faisais régulièrement du rugby et jusque voici une décennie, j'avais à cœur de prendre de la vitamine C, mais depuis je me contente de ce que j'ai à portée de main. Je reconnais que le riz aux miettes de thon est fameux, mais trop fort de goût, il m'a fait craindre pour ma tension, et le restant des boîtes a été relégué dans notre réserve de provisions en cas de séisme.

Il y a deux semaines, j'ai soudain découvert que je n'avais rien à manger pour les chats et Zizi. Etant donné qu'il n'y a que ma femme et moi depuis le mariage des filles et qu'elle-même tient une galerie d'art, je suis seul ici le plus clair du temps, je me débrouille donc seul pour me sustenter, et il arrive que le frigo soit vide. Je pourrais très bien aller au sushi du quartier, mais, et mes compagnons à pattes ? J'ai donc fait cuire du riz que j'ai saupoudré de miettes de thon avant de le leur servir. Chienne et chats, la compagnie a tout dévoré à belles dents. Jusque-là, hormis Charly, tous affichaient une sainte horreur du riz.

Un maître qui se repose exclusivement sur la nourriture du commerce pour ses animaux est un maître négligent, me suis-je dit, et depuis, c'est chaque fois ou viande hachée bon marché, ou croquettes, ou ragoût maison qui viennent chapeauter le riz, à quoi s'ajoute éventuellement ce qui reste des cookies, galettes de riz salées ou fruits qu'on nous a offerts. Si tous ne partagent pas les mêmes goûts, n'empêche qu'ils mangent. Notamment Charly et Zizi, qu'on croirait carrément omnivores à les voir ingurgiter bananes, gâteaux, pommes. A la réflexion, je plains bien la chienne à qui j'imposais jusqu'ici le sempiternel ordinaire œuf cuit en eau thermale, fromage, porc et chou. Ou je me trompe fort ou elle a changé, à force de vivre de nos restes. Les conserves pour chats, je parie qu'il en existe plus d'une centaine de sortes, je ne les ai pas toutes essayées et donc je ne peux rien dire de leur goût, mais si celles qui contiennent un mélange de chair de poisson et de miettes, de hachis, de riz ou de légumes, de fromage, offrent une large palette de coloris, leur contenu diffère peu. En définitive, nos restes à nous ne me semblent pas inappropriés, dans la mesure où nos bêtes vivent en notre compagnie humaine.

Zizi et Charly mangent la même chose que moi pour mon déjeuner. De façon générale, tous deux s'entendent bien, Zizi dehors, Charly dedans. Comme Charly est traité sans aménité par ses congénères, lui et elle sont comme qui dirait des réprouvés, et ceci pourrait bien les avoir rapprochés l'un de l'autre. Quand Zizi reçoit sa pâtée, Charly la rejoint et s'invite à son repas, quand Charly a une prise de bec avec un matou, Zizi aboie tout ce qu'elle peut, genre : « Vas-y, je suis avec toi ! » Si Charly miaule dehors pour faire comprendre qu'il veut entrer, elle, derrière lui, y va de sa voix si personnelle. Puis s'éloigne d'un air rassuré, dès que j'ai ouvert à son copain.

Où Charly a-t-il pris une telle raclée ? A-t-il lui-même mis l'autre à mal ? Je serais bien en peine de le dire mais les blessures sont son lot quotidien, et le voici aujourd'hui qui traîne la patte de devant ; je suppose qu'il existe une expression plus adéquate que de dire que son usage lui semble interdit. Son visage aussi, je ne l'ai jamais vu que balafré, et il y a cinq jours, il est rentré avec une énorme bosse derrière l'oreille. Si grosse que j'ai vérifié du bout du doigt et senti quelque chose de mou, qui cédait à la pression. Au sommet du crâne, une déchirure. Vérification faite, du pus s'y était accumulé, ce qui m'a remémoré mes propres blessures d'antan, lorsque je pressais pour faire sortir le pus avant de désinfecter et de m'en remettre à la nature, c'était durant les années où je faisais du rugby, abonné aux gnons que j'étais, je me suis fait une demi-douzaine de fractures sans finalement être jamais allé voir le toubib. S'agissant de Charly, traitement maison, au bout de quoi impossible de continuer à compter sur les vertus curatives propres à l'animal et donc cap sur la clinique. J'avais vu juste : une dizaine de centilitres de pus lui ont été retirés à la seringue, puis rasage du pourtour de la blessure, application d'une compresse enduite d'une pommade que je suppose aux antibiotiques, et durant tout ce temps mon Charly restait les yeux clos, imperturbable.

Le jour suivant, le vétérinaire m'ayant dit de le ramener pour s'assurer de son état, j'ai appelé Charly qui s'est montré en miaulant, mais a pris la poudre d'escampette à la seconde où il m'a vu. Bien sûr, je n'avais pas à la main le panier que j'utilise pour le transport à la clinique, c'est donc qu'il avait flairé l'atmosphère. Un don que Zizi manifeste aussi. Ai-je la laisse à la main lorsque je sors dans le jardin, elle me rejoint toute guillerette. Sauf qu'à certains moments, c'est simplement parce que je veux l'attacher. Attachée ainsi deux ou trois fois de suite, elle ne s'approche plus qu'après s'être assurée que je porte en même temps que la laisse le sac réservé à ses crottes ; sans laisse, elle ne fait pas trois mètres dans ma direction, avec cette voix bien à elle qui semble dire : « Oh, mais tu ne me la feras pas ! »

Réduits à deux maintenant, les himalayens, grand-mère et petit-fils, dorment l'un contre l'autre. C'est alors qu'apparaît Charly, profil bas, qui néanmoins prend la liberté de se coucher là, une patte sur la queue de Midori. Laquelle le sent et, l'air de ne pas apprécier, bondit sur ses pattes et souffle méchamment en direction du gêneur, avant de s'éloigner avec Kurata, et là j'ai un choc devant ce qui n'est peut-être qu'une illusion : l'œil de Charly brille d'un éclat magnifique. Pas de doute, la solitude sied aux chats.

Charly fait son cinéma

Lorsqu'il déambule dans la maison, ces derniers temps, on voit que la patte avant droite de notre ex-sauvageon Charly va un peu mieux, alors qu'il y a encore une quinzaine de jours, elle était pliée au niveau de ce que je ne sais pas s'il faut appeler le coude, disons donc au niveau de l'articulation, ce qui le faisait claudiquer sur trois pattes. Je l'avais soulevé et, à la manière de l'expert, j'avais appuyé sur la plante de la patte, que j'avais examinée sous toutes les coutures, j'avais fait rouler l'articulation, frotté enfin l'épaule, tout cela sans provoquer de douleur apparente.

Lorsqu'un humain se fait une entorse, le plus borné des béotiens le comprend immédiatement. J'imagine que c'est également douloureux chez un animal. Ça ne doit pas ressembler non plus à la douleur que cause une épine.

Le plus ennuyeux est que l'intéressé demande à sortir malgré sa patte folle, et j'ai beau le considérer avec les yeux de l'amour, il n'a aucune chance de l'emporter sur le terrain face à ces deux rivaux aux allures de bêtes fauves que sont ces matous d'intérieur – car chacun porte un collier – d'une bonne taille de plus que lui.

Mais l'animal file à l'anglaise, pousse parfois un feulement en montrant les dents.

Zizi reconnaît sa voix, se met à aboyer. Procédé pas vraiment courageux, je le reconnais, je sors armé d'un parapluie, non pour me porter à sa rescousse, mais pour les séparer.

Auparavant, ses rivaux et lui changeaient de pré carré pour poursuivre leurs affrontements, tandis qu'à présent, conscient peut-être de son handicap, Charly s'accroche à sa position, fait mine de poursuivre l'autre, sans doute pour la beauté du geste, mais me laisse tout docilement le prendre dans mes bras. A moins qu'il ne grimpe à toute allure sur le mur du jardin, où il se tapit.

Ses mouvements ne trahissent rien de l'état de sa patte. Du temps où je faisais du rugby, il suffisait qu'en match j'entre en possession du ballon pour tout oublier de mes contusions au genou, douleurs au mollet, ennuis de côtes ou de nuque, je n'avais qu'une idée en tête : foncer en avant.

J'attribue la même attitude à Charly et je le rentre ; la seconde d'après, il fait le bancroche.

Depuis quelque temps, Midori – près de quatre-vingts ans pour nous – donne d'évidents signes de sénescence. Ce qu'on qualifie ordinairement de « gâtisme ». Terme de toute évidence éminemment insultant. Celui qui est « gâteux » ne se rend pas compte de son état, et même celui qui dit, « En prenant de l'âge, je commence à être pas mal gâteux » n'admet pas son propre gâtisme. Quand on l'est pour de bon, le mot ne devrait théoriquement pas vexer, si bien que tout un chacun l'emploie sans réticence, mais je considère cela comme de la cruauté.

Préférer le terme de « syndrome du vieillissement » ne changera rien au fond, mais pour revenir à Midori, elle n'a pas sitôt oublié son appétit que, voyant les autres mâcher avec allégresse, elle vient pointer la truffe au-dessus de leurs assiettes, et elle insiste. Le plus clair de son temps, elle le passe immobile, roulée sur elle-même.

Voulant la requinquer un peu, je lui ai donné de la poudre d'herbe-aux-chats.

Avant, en pareilles occasions, elle prenait des postures indécentes, je veux dire qu'elle tombait dans une sorte d'ivresse, mais cette fois elle a bien approché le nez, mais pour s'en détourner aussitôt avec une indifférence suprême. Kurata, pour sa part, n'a jamais été vraiment alléché.

A l'inverse de Charly qui, lui, a réagi au quart de tour, en vrai tout fou, en poussant bien loin son grattoir où j'avais répandu de la poudre, sur lequel il a ensuite passé une langue consciencieuse avant d'activer ses pattes dessus pour se faire les griffes.

Témoin de cet emportement, je n'ai pas perçu l'ombre d'un soupçon de gêne à sa patte meurtrie.

Les chats aussi joueraient-ils la comédie pour se rendre intéressants ?

Trois himalayens sont morts à la suite, deux survivent. Ils sont ensemble toute la journée, battent froid à Charly, du moins à ce que je vois.

Lui est on ne peut mieux avec Zizi, en dépit du fait qu'elle est un husky. La tête de la chienne est aussi grosse que le corps du chat, et même s'ils sont souvent allongés l'un contre l'autre et qu'il prend des libertés avec la queue de Zizi, elle n'est malgré tout pas une compagne de jeu idéale.

Et je ne peux guère interroger son cœur.

Il a tenté d'attirer mon attention. Non qu'il en ait eu d'emblée l'intention, je pense qu'il était réellement blessé. Mais quand on est blessé, tout l'entourage se fait du souci, les uns et les autres sont aux petits soins pour vous, on s'empresse, on vous prend dans les bras, on vous caresse, on vous câline de la voix.

Un chat qui entre dans mon bureau se signale par quelque chose comme *to! to! to!* En effet, les pas d'un chat sont loin d'être si feutrés. A en juger par le bruit des siens, je n'ai pas l'impression qu'il souffre.

Son entrée faite, après avoir écarté le *fusuma* d'un geste vif, il se met à trottiner en souplesse. Aux dires de notre fille, qui est revenue pour une série de représentations de la compagnie Takarazuka et loge chez nous, sa patte s'est bien remise et touche normalement le sol. Dis donc, mon lascar, où prétends-tu avoir mal ?

Devant moi, sa démarche est encore manifestement celle d'un éclopé. C'est bien du tracassin que la condition de chat ramassé dans le ruisseau, et qui de plus se retrouve en compagnie de plusieurs congénères déjà en place, me disais-je, et voilà maintenant qu'avec tout ça il faut jouer la comédie. Et j'ai un nouvel élan gratuit de compassion pour le coquin qui, à le voir pattes rejetées à tous les azimuts, dort dans une décontraction absolue, sans toutefois arriver à la cheville du chat Kikuchiyo du mangaka Akatsuka Fujio. Moi qui ai tant de mal à m'endormir à cause de mon âge, le sommeil de cette bête me fait pâlir de jalousie.

La famille Petit Panda

Une fin d'après-midi où je faisais ma promenade, j'ai repéré une chatte ressemblant à s'y méprendre à un petit panda, en train de croiser mon chemin sans se presser en compagnie de quatre petits à la queue leu leu, tout à fait à la façon des célèbres familles de canards à bec tacheté que les médias nous montrent chaque année en train de traverser telle ou telle rue. Les chatons étaient le portrait craché de leur mère.

Les chattes dissimulent leurs petits même à leurs maîtres.

Dans le temps, Coco et Midori avaient mis bas à peu près simultanément à la maison, et nous avions voulu nous rendre utiles, mais elles avaient déménagé leurs petits l'un après l'autre et il s'était ensuivi un cirque pas possible dans toute la maison.

A l'occasion, j'aperçois deux ou trois misérables chats abandonnés recroquevillés les uns contre les autres, et comme je sais que je vais les ramener à la maison si je commets l'erreur de croiser leur regard, je fais celui qui a peur que le temps ne se gâte et lève le nez au ciel.

Les endroits où les chattes accouchaient traditionnellement – sous les galeries extérieures des maisons, des sanctuaires ou des temples – sont à présent rendus inaccessibles par le béton. Ceux qui offrent une cachette contre les corbeaux, les serpents et les chiens – bosquets, bois, touffes d'herbes, talus, trous ou creux dans les prés – se font rares dans les villes. Et les resserres plus ou moins désertées, les venelles entre les habitations ont disparu. Que reste-t-il à nos parturientes ?

J'ajouterai qu'exception faite des nôtres, je n'ai encore jamais vu de chatte donner la tétée.

Le chemin que j'emprunte pour ma promenade est une voie à sens unique, y avancer à la file n'est pas sans danger ; à voir marcher les petits, je leur ai donné dans les huit semaines. Quoi de plus naturel qu'ils se mettent à folâtrer en cours de route, d'ailleurs, normalement, la maman chat aurait dû les prendre un par un par la peau du cou pour les transporter jusqu'à une cachette adéquate, sans cesser de surveiller les environs. Dans cette petite troupe, chacun n'avait d'yeux que pour ce qu'il avait devant lui, et allait son chemin sans hâte particulière. Direction, m'a-t-il semblé, un petit parking au sol de terre battue, un peu plus loin.

Les chats ne vivent pas en communauté. Arrivés à un certain âge, ils sont exclus. Or, une fois lâchés dans cette métropole, ils sont incapables de chasser par eux-mêmes. Les écumeurs de poubelles sont en majorité des matous à la mine patibulaire, on ne voit aucun chaton. Rétrospectivement, je me dis que ce doit être difficile de trouver des chats aussi mignons.

Je les soupçonne d'être issus d'un croisement de siamois et de je ne sais quoi, les poils touffus et retombant autour des yeux leur conféraient un magnifique grimage d'acteurs de kabuki.

J'ai pris l'avis de ma femme. Nous venions de perdre coup sur coup trois compagnons entre le printemps et le début de l'été.

Adopter les cinq de cette famille ne poserait pas de problème.

Seulement, ce n'était pas comparable avec l'adoption de Charly. Lui a débarqué au milieu de cinq himalayens, il ne se sent toujours pas véritablement leur égal, endure avec stoïcisme les coups de griffes de Kurata. Depuis sa blessure à la patte, probable souvenir de la saison des amours, il ne s'aventure plus dehors et prend le frais à l'ombre d'un arbre du jardin. Notre Zizi s'est creusé un trou sous le vide sanitaire de la resserre et s'y terre, seule sa truffe émerge. Elle a tout l'air d'être accablée de chaleur, si quelqu'un passe devant le portail, elle fait celle qui n'a rien vu ; quant aux deux himalayens, ils sont comme toujours ensemble, dans leur coin de couloir bien aéré. Si ma famille de petits pandas venait à faire son apparition ici, ne s'emparerait-elle pas du pouvoir en moins de temps qu'il n'en faut pour le dire ? Midori a tout de même plus de quatre-vingts de nos années, Kurata autour de la cinquantaine.

La maman chat était une siamoise au long corps souple, les chatons venaient à peine de voir le jour. Un, deux à la rigueur, mais il n'était pas possible d'envisager d'adopter la famille entière, ce qui aurait été une première, à ma connaissance.

J'ai donc tiré un trait sur cette famille et lorsque, matin et soir, je promène Zizi, j'emporte les restes des himalayens, les nôtres et ceux de Charly, sans oublier de l'eau. L'eau qui depuis longtemps est une énigme pour moi.

Dans le voisinage vivent pas moins de quatre chats vagabonds. Je n'ai pas de mal à imaginer qu'ils se débrouillent pour trouver leur pitance, mais pour l'eau, comment font-ils ? Il n'y a ni mare ni réservoir ; les fossés ont partout été recouverts. Il m'arrive d'apercevoir des assiettes à leur usage, mais je n'en ai pas encore vu avec de l'eau.

J'emplis de nourriture une boîte en plastique, d'eau la gourde que j'avais l'habitude de passer au cou de Zizi quand une longue promenade était prévue, mais son cou a pris de l'ampleur et m'empêche de le faire, aussi je la tiens à la main, et j'emplis une assiette que je dépose dans un coin du parking.

Jamais je ne les aperçois, mais le soir venu, un coup d'œil m'apprend que la nourriture n'est plus là. Rien ne dit que ce n'est pas un autre clochard qui a joué les pique-assiettes. J'ai interrogé des papys qui me paraissaient susceptibles de connaître le quartier, aucun n'était au courant de l'existence des « petits pandas », ni a fortiori ne les avait vus.

Je n'ai pourtant pas été victime d'une hallucination. Je les ai bel et bien vus traversant à la file sous mon nez, d'un pas de sénateur, de la même façon que les fameux canards à bec tacheté. Autre possibilité : ce seraient des chats d'intérieur ? J'ai donc profité de la balade biquotidienne de Zizi pour m'écarter peu à peu du parking et, malgré ma gêne vis-à-vis du voisinage, avec des mines de monte-en-l'air rôdant autour des maisons où il compte s'introduire, j'ai déposé subrepticement près des entrées et des clôtures des récipients avec nourriture et eau, sans, comme bien l'on pense, retrouver ni les uns ni les autres en repassant le jour suivant.

Près d'un mois s'est écoulé sans que je les aperçoive ni n'aie de leurs nouvelles. Même lorsque je vais seul aux courses, je ne manque pas de traînailler un moment près du parking, l'œil en alerte.

On parle de « devenir accro » à telle ou telle chose. Incontestablement, je suis devenu un accro des chats. Le bord de la rivière proche est fréquenté aux heures d'affluence, matin et soir, par leurs majestés canines, qui présentent une riche diversité. Certains d'entre eux sont d'espèces tout à fait uniques, mais ils me laissent froid. Non, bien davantage m'intéresse, non seulement la fameuse famille des petits pandas, mais le chat ou la chatte que j'entrevois nuitamment et à qui je me prends à songer. En lui souhaitant de vivre heureux ou heureuse. Quant à ce routier dont on a dit qu'il avait failli chuter dans la rivière pour avoir donné un coup de volant en évitant un chat, j'ai le plus grand respect pour lui.

A l'heure où j'écris ces lignes, j'entends Charly miauler derrière la porte vitrée pour dire que la nuit tombe et que je dois le laisser entrer. Derrière lui, sortie crottée de dessous la resserre, un tantinet amaigrie à cause de la chaleur de l'été, Zizi réclame sa promenade. Les himalayens prennent leur bain avec ma femme, on croirait entendre criailler des nouveau-nés. Charly pointe l'oreille, prêt à s'éclipser lorsque son tour viendra.

Boîtes pour chats, l'été à la fraîche

Les préférences de nos deux himalayens en matière de nourriture réservée à leur espèce sont tranchées. Régulièrement, je crois avoir retenu leurs mets favoris, mais une fois au magasin, je déclare forfait.

Pour que ce que j'ai mis dans leur écuelle soit clairement reconnaissable, j'ai posé à côté les boîtes vides correspondantes, observé et pris note de celles dont rien ne restait ou la moitié seulement, et de celles au contenu desquelles ils n'avaient pas touché, puis je suis allé aux courses. Peine perdue. Devant la faramineuse multiplicité des marques et des étiquetages, je me suis résolu à garder les boîtes après les avoir lavées et à les emporter en allant aux courses. Les aliments secs sont aisés à dénicher et passent pour ne rien laisser à désirer question nutrition, sauf que, comme Neige, d'une nature fragile, avait fait une occlusion urétrale, en clair des calculs dans l'urètre, et que le véto m'avait recommandé autant que possible des boîtes, l'ordinaire des himalayens se compose désormais de blanc de poulet, de bonite à moitié desséchée, de *kamaboko* au surimi et de boîtes. Les aliments secs ne comptent là-dedans que pour très peu. Viennent en complément copeaux de bonite séchée, petites sardines séchées, lait pour chats. Byzance, quoi, du moins si je mets en parallèle mes trois repas quotidiens. Thon, miettes de bonite et corned-beef à cent yens la boîte m'aident à me lester l'estomac ; les deux premiers répandus sur du riz bien chaud arrosé de sauce de soja m'offrent un régal garanti ; quant au dernier, il me sert à préparer mes fonds de soupe, car vu l'épidémie actuelle d'Escherichia coli 0157, je balance un peu n'importe quoi dans ma soupe, que je consomme réchauffée. A côté de cela, les boîtes pour mes himalayens me coûtent deux cents yens pièce, pour les plus chères. Mais je dois à la vérité de dire que mes gaillards prisent le meilleur marché ; est-ce par souci de ménager ma bourse, je ne saurais l'affirmer.

Charly adore le saumon et les petites sardines entières séchées, mais l'aérateur de la cuisine est déglingué, ce qui en soi n'est pas un obstacle pour les griller, si ce n'est qu'une fumée épaisse envahit la maison et qu'ouvrir les fenêtres, c'est laisser s'échapper l'air agréablement frais, tout cela pour dire que, tous ces jours-ci, il n'a pas droit à son régal. C'est moi qui mange ce genre de choses et lorsque je m'attable, il s'avance en s'appuyant encore précautionneusement sur sa patte, se hausse pour inspecter ce qui se trouve à hauteur de ses yeux et, s'il voit du ragoût ou du curry, la « bouffe de chat » par excellence que sont des denrées du genre miettes de thon ou encore saumon en conserve accompagné d'oignon haché menu et arrosé de sauce de soja, il affiche alors une mine où je devine de la déception, pose la patte sur la poignée du frigo et se tourne vers moi. Il ne fait pas de doute qu'il sait que sa pitance est à l'intérieur, je ne peux donc faire autrement que l'ouvrir pour lui être agréable. Il flaire – en quoi il ne peut rivaliser avec un chien – et renonce. Preuve qu'il est encore jeune, alors que les himalayens ont acquis un flegme accompli, il est le seul, à mes yeux – est-ce qu'il a grandi, qu'il a gagné en malice ? –, à m'offrir de faire de nouvelles découvertes.

Lorsque Charly est dehors et veut entrer, Zizi le fait savoir de son cri particulier, en manière de soutien. Sensible à cette amicale attention, le chat va dans le jardin et, passant près d'elle, miaule un bref salut. La chienne est allongée dans une de ses poses qui froissent la pudeur. Ventre en l'air, la plupart du temps avec une patte postérieure levée, posée sur une pierre ou autre chose, ce qui me donne envie de lui chuchoter : « Hé, tu oublies que tu es une chienne ! », paroles quelque peu sexistes, j'en conviens ; elle a beau dormir comme une souche, jamais elle ne manque de se réveiller à l'appel de son copain et d'ouvrir les yeux, sans changer d'un iota sa posture, seuls bougent ses yeux.

La Sibérie étant le pays de ses ancêtres, Zizi a le pelage dense. On peut la laver avec le plus grand soin, les poils fins qui poussent dru à proximité de l'épiderme restent inaccessibles. Mais le hic est plutôt que lorsqu'on insiste trop à son gré, elle se carapate sans crier gare. Je ne peux me défendre de la plaindre d'avoir une pareille fourrure par cette canicule, mais elle ne recherche même pas un coin de fraîcheur, elle fait des galipettes sous le soleil de plomb alors qu'un arbre lui offre son ombre, à un mètre à peine de là, ou que les endroits ombragés ne manquent pas, même en pleine journée, mais non, elle s'en soucie comme d'une guigne. Petite, à quinze ou seize ans pour nous, elle avait pris l'habitude de patauger dans la mare du jardin, où elle se rafraîchissait les pattes. En fait, ce n'était pas réservé à la belle saison, elle le faisait aussi durant les grands froids.

Aujourd'hui, si je tente de l'asperger au jet afin de la soulager un peu, non seulement elle fuit mais elle se met en colère. Oscar, le bouledogue femelle que nous avions autrefois, adorait s'ébattre dans l'eau ; je lui emplissais une petite piscine en plastique pour enfants et alors, dans son excitation, elle s'éloignait à bonne distance puis revenait à toute allure et bondissait dedans. Là-dessus, elle mordait le bord qui, bien sûr, se déchirait, et l'eau se mettait à fuir. La piscine se dégonflait, l'eau allait diminuant, on lisait de la tristesse sur son museau, enfin, il faut dire que les bulls ont généralement l'air de porter sur leur face toute la détresse du monde, et pour finir, elle restait à plat ventre sur l'espèce de tapis qui avait été une piscine, et cet été-là j'ai dû lui en acheter plus d'une.

Charly a appris où souffle le vent et, dans la maison, choisit pour s'installer des endroits que nous autres ne remarquons pas, comme l'angle du couloir offrant la plus grande fraîcheur, ou en dessous du climatiseur. Dans le jardin, c'est l'intérieur d'un massif ou le haut du mur. Quand j'arrose, il profite agréablement de l'air frais, hors de portée du jet. Le plus curieux est que pendant chaque séance d'arrosage ou presque, un *papilio xuthus* noir vient voleter alentour. Charly le vise, ne peut l'attraper, bondit en l'air dans un mouvement dont il devrait pourtant savoir qu'il est vain, griffe l'air de ses pattes antérieures, retombe au sol où il culbute, puis soudain se met à lustrer ses poils, comportement qui, d'ailleurs, appartient aussi aux himalayens. Est-ce parce qu'il est conscient qu'un humain l'observe ? Qu'il veut camoufler ainsi sa honte de sa gaucherie ? Après une tentative ratée pour sauter sur la table, notre regrettée Coco avait coutume d'aiguiser ses griffes sur un pied de chaise ; Neige, lui, s'intéressait au chasse-mouches qui pendait de la table, avec lequel il se mettait à jouer.

Avec ses poils courts, Charly donne l'impression de souffrir davantage de la chaleur que les himalayens, il choisit son endroit, s'adosse au mur, allonge ses pattes postérieures, abandonne ses pattes antérieures le long de ses flancs, l'air de dire j'en peux plus, ce que voyant, je lui propose de l'eau avec des glaçons, mais il n'y touche pas. Zizi, elle, délaisse l'eau pour les glaçons, et ce n'est pas pour les croquer à belles dents mais pour les avaler entiers. Vendrait-on des esquimaux à goût de sardine que Charly pourrait se rafraîchir un peu, malheureusement ceux qu'on trouve dans le commerce ont seulement le goût de fraise ou de lait, et il n'en veut pas.

Ma chambre n'a pas la climatisation. Longtemps elle est restée bien aérée, mais tous les pavillons alentour ont fait l'objet d'agrandissements et ont gagné un étage, si bien qu'à présent c'est une étuve permanente, du coup je travaille à mes manuscrits en pestant : « Mais réfléchissez un peu à la vie pendant la guerre ! Vous me faites bien rigoler à faire marcher votre clim pendant la minute de silence pour les victimes ! » C'est pourquoi Charly se borne à passer, entre ou sort, sans jamais négliger de me miauler un petit salut. Nos regards se croisent-ils, il vient se glisser contre moi, histoire de m'être aimable, mais s'échappe prestement si j'ébauche le geste de le soulever. Bien qu'il ne se voie servir que bien peu de ce qu'il adore, il a forci un bon coup cet été. Ferait-il du culturisme je ne sais où, en prévision de la saison des amours à l'automne ?

Bébé et les chats

Le husky femelle que nous avons s'appelle Zizi, pour la raison que, quand il était encore un chiot, il avait les pattes particulièrement puissantes pour le reste du corps mais très sveltes, et nous l'avions baptisé du nom de la danseuse et actrice renommée en son temps pour sa beauté, Zizi Jeanmaire. Du moins suis-je tenté par cette explication, mais la réalité est que pour ma femme, le nom de la chienne n'est pas Zizi mais Jijî, au sens de « le vieux », et elle prend bien soin d'appuyer sur la seconde syllabe pour insister sur ce sens et, dans ses moments de rogne contre moi, ce qui revient à dire à longueur d'année, ce sont des « Hé, *Zizi, le vieux* ! Il ne faut pas te laisser aller comme ça ! – *Zizi, le vieux* ! Tâche au moins de nous protéger des cambrioleurs, tu veux ? », et j'avoue que mon cœur tressaute chaque fois que je m'entends qualifier de ce nom.

Sur quoi, il y a deux mois, je suis devenu un « vieux » comme tant d'autres, qu'on appelle ainsi sans qu'il soit besoin de faire une méchante allusion à un chien. Notre aînée est devenue mère d'un petit garçon.

Une naissance n'est pas un événement qui vous tombe dessus comme ça, tout à trac. Je n'avais pas été spécialement frappé de surprise, ayant appris peu avant l'heureux événement qu'il était courant de nos jours, pour la jeune mère, de retourner faire un séjour d'environ un mois chez ses parents après l'accouchement, mais je dois dire que je me sentais passablement déconcerté.

Je connaissais la coutume qui veut que la mariée retourne faire une visite à ses parents au cours de la première semaine suivant le mariage, par contre, je n'avais encore jamais entendu dire que cette coutume s'appliquait aussi aux accouchées. Certes, après la naissance de chacune des filles, ma femme était rentrée de ce pas de la maternité, mais cette « première visite aux parents » nouvelle formule me surprenait quand même un peu, enfin bon, revenons aux chats puisque c'est le thème de ces modestes écrits.

Le bon sens fait dire que nouveau-né et chiens ou chats sont difficilement conciliables. Pour les bêtes auxquelles le sort a conféré un droit de priorité, il est naturel de se scandaliser quand apparaît brutalement sous votre toit quelqu'un qui fait figure d'intrus mystérieux, et qui est dorloté par les maîtres.

Cela se passe différemment entre eux. Si c'est un chiot, un chat le regardera d'un mauvais œil, mais la curiosité finissant par être la plus forte, il s'approchera jusqu'à le lécher à l'instar d'une maman chat, de même ai-je vu une fois un chaton essayer de téter la chienne, qui l'a considéré d'un air surpris et néanmoins attendri, du moins est-ce ce que je me suis figuré.

On dit qu'en Angleterre, quand un bébé vient au monde, les parents adoptent un colley. Le chien grandit plus rapidement que l'enfant, mais il passe pour avoir vis-à-vis de ce dernier la fidélité qu'il a envers ses maîtres, pas besoin de lui inculquer comment il doit se comporter, et autour de sa première année, il garde le petit, surveille ses faits et gestes, alerte les maîtres s'il juge qu'il y a danger. Ce qui ne se produit pas avec un chat.

Quelle que soit la perception que les chiens ou les chats se font d'un bébé, la question des maladies se pose. Pendant les six mois suivant la naissance, le nourrisson bénéficie de l'immunité maternelle, il tombe donc rarement malade. Mais les nouveau-nés humains sont dépourvus de défenses naturelles face aux bactéries et virus dont les bêtes de compagnie sont porteuses et pour lesquelles ils sont inoffensifs.

L'aînée mariée, la cadette à Takarazuka, l'étage où chacune avait sa chambre s'est mué en garde-bataclan, où l'aspirateur ne s'aventure que de loin en loin. Pour cette « première visite », il se devait donc naturellement que la mère et l'enfant séjournent là-haut.

De crainte d'un éventuel tremblement de terre, rien de pesant n'y était entreposé ; nous avons descendu l'amas de reliques, fait refaire le plancher, changé le papier peint, en conséquence de quoi on ne savait plus où mettre les pieds au rez-de-chaussée, à la plus grande joie des chats et surtout de ce joyeux drille de Charly qui se tapissait dans ces nouvelles cachettes d'un Disneyland surgi tout à coup, bondissait du miroir à pied sur l'autel des ancêtres et se nichait sur l'entassement des malles à vêtements, la mine rayonnante.

Mère et fils seraient, si je puis dire, assignés à résidence au premier. Zizi, il suffisait de l'attacher, les chats, par contre, étaient capables de profiter du moindre interstice pour se faufiler dans cette chambre close, d'autant qu'elle donne sur le couloir par des *fusuma* que nos lascars n'ont aucun mal à faire glisser de la patte.

De commentaires sur la fréquentation des chats ou des chiens et des bébés, il n'en existe pas, à ma connaissance. En observant pour l'occasion mes félins, je me suis rendu compte qu'après leurs multiples déambulations dans le jardin, ils entrent directement dans la maison et, même s'ils font proprement leurs besoins, ils ne se nettoient pas pour autant à chaque fois. Un coup d'œil rapide fait dire qu'ils sont nets, mais en plongeant plus avant dans le pelage, on rencontre de la crasse partout.

Personnellement, je ne prends de bain qu'à titre tout à fait exceptionnel, je suis à moi tout seul une collection de microbes. Trois semaines avant que la mère et l'enfant ne débarquent, je me suis mis à prendre un bain quotidien, puis, saisi de frénésie, à passer la serpillière partout à l'étage, à changer les rideaux, à frotter les W-C à pouvoir se mirer dedans et, pour finir, à laver les chats tous les deux jours. Comment faisait-on autrefois ? On vivait en compagnie de bébés sans tant de tracas, j'en jurerais, et ceux-ci en acquéraient plus de résistance.

Mais voilà, la vie moderne a engendré des malpropretés nouvelles, de genres multiples, que ce soit la pollution atmosphérique, les additifs alimentaires ou ces *house dust* peu familiers dont je ne sais si ce sont des détritus ou des poussières et qui abondent autour de nous, et avec nos hivers plus doux, les acariens sont désormais innombrables. J'en étais comme on le voit à me prendre la tête pour une chose ou une autre quand la mère et son fils sont arrivés. En dépit des bains pris, j'avais toujours fortement conscience d'être un sac à microbes, je me suis donc claquemuré dans mon bureau avec le trio félin et m'y suis tenu coi. Mais j'ai eu beau enfermer mes gredins, ils ont quand même trouvé le moyen de se faufiler dehors, visiblement intrigués par l'étage du dessus, ils ont monté les marches, se sont arrêtés au milieu et là ont tendu l'oreille, paru entamer un colloque dont le thème était l'événement qui se passait là-haut, tout en allant et venant dans l'escalier, Charly le réprouvé s'est même joint à eux, puis ils sont venus me retrouver dans mon bureau où ils se sont roulés en boule.

Quand les vagissements du bébé nous parvenaient, tous trois tendaient l'oreille, la vénérable Midori était la plus nerveuse.

Mon bureau est devenu la chambre des chats et moi, je maintiens une distance sanitaire de deux mètres avec le bébé jusqu'à ce que la semaine soit passée.

Il y a trente ans, quand je suis devenu père pour la première fois, je me moquais de tout cela. Le colley pouvait bien s'approcher du bébé, je considérais plutôt la scène d'un œil favorable. Passer dans la catégorie des « vieux », c'est donc admettre sa malpropreté, devenir nerveux plus qu'il ne convient. Il est vrai qu'il faut compter aussi à présent avec la bactérie Escherichia coli 0157. Les chats et Zizi sont de plus en plus hystériques. Le petit-fils pousse normalement.

Les chats dans la maison en travaux

La maison est entièrement en bois, toit de tuiles, bâtie voici trente ans. Quand j'étais gamin, on estimait que nos maisons traditionnelles, pour peu qu'elles soient entretenues de façon convenable, pouvaient durer cent, voire deux cents ans lorsque le matériau était de bonne qualité, et normalement au moins soixante ans. Depuis le tremblement de terre de Kôbe, elles passent pour avoir une durée de vie de vingt-cinq ans, autant dire que la nôtre, même si elle suffit amplement à nous garder à l'abri des intempéries, s'abattra tel un château de cartes le jour où, comme on dit, la terre poussera un puissant grondement. En parlant d'intempéries, le fait est que des fuites se sont déjà déclarées.

Que sa maison s'écroule lorsqu'on habite dans une région à fort risque de super-séisme, sans doute faut-il s'y résigner, mais finir en carpette dessous, merci bien. Aussi, en juillet, ai-je fait renforcer les soubassements, étayer les poteaux avec des contrefiches et remplacer les tuiles par une couverture en tôle. Aujourd'hui, pour une maison préfabriquée de type standard *two x four*, on coule une dalle de béton sur laquelle sont ensuite assemblés les éléments, ce qui évite toute production de copeaux et de sciure et tout vacarme, ce que j'ai pu constater *de visu* avec les deux pavillons voisins dont les travaux ont débuté avant les nôtres et sont à présent achevés, tandis qu'ici la moitié reste encore à faire, preuve que la réfection de son chez-soi n'est pas une mince affaire. Tout se fait à la main ou presque, et cela m'a mis le nez sur ce que je craignais : le dessous de la cuisine et de la salle de bains ne pourrait être dans un pire état de pourriture, que la maison s'affaisse à ces deux endroits sans même que la terre ne la secoue ne serait pas pour me surprendre.

Comme les ouvriers vont et viennent dans le jardin, Zizi notre husky reste attachée toute la journée. Je la promène matin et soir, mais depuis le temps que ça dure, elle n'est toujours pas habituée, elle est la frustration faite chienne, passe toute la journée à maugréer, plus exactement à lancer des salves d'aboiements, jappements et glapissements aigus, de l'autre côté de la porte vitrée de mon bureau, c'est dire le chahut que je suis contraint d'endurer, j'ai même songé à lui faire avaler un sédatif léger, avant de me raviser en fin de compte. Mais je me suis souvenu qu'elle aimait les kakis quand elle était petite, et justement, l'arbre que nous avons est dans une année où il donne, et ses fruits sont agréablement doux. Pour la première fois depuis qu'elle a atteint l'âge adulte, j'en ai cueilli et je les lui ai tendus, elle les a serrés entre ses pattes antérieures avant d'en engloutir deux à la fois, et j'ai eu la paix un moment. Elle a une préférence pour les hommes, si les ouvriers en train de déjeuner lui témoignent la moindre attention, elle se fait caressante, tandis qu'elle accueille les femmes par des coups de boule. Les divers bruits qui s'élèvent du chantier que la maison est devenue la laissent parfaitement indifférente.

S'il en est une à qui ce même vacarme porte sur les nerfs, c'est notre mamy himalayenne Midori, que chaque bruit de marteau fait bondir, chaque cisaillement métallique aigu envoie se blottir dans un coin de la pièce ou derrière le premier objet venu. Et pourtant, en fin d'après-midi, lorsque l'équipe a fini sa journée et est repartie, elle est la première à venir faire l'inspectrice des travaux finis, ou plutôt non finis, ce qui explique les murs éventrés, les plafonds et planchers percés. Examen d'un œil investigateur puis entrée d'un pas craintif par un orifice ou un autre. Elle se livre à une exploration en règle du vide sanitaire, des combles et des plafonds, d'où elle émerge couverte de poussière, après avoir éternué deux ou trois fois d'affilée – muqueuse nasale sans doute chatouillée durant l'aventure –, grâce à quoi j'ai pu localiser la disparue là où je ne l'attendais pas. Il se fait tard, elle n'a plus la légèreté de sa jeunesse, la revoilà qui joue de toutes ses pattes pour s'extraire d'un interstice du mur. Quant à son fils, à moins qu'il ne soit son petit-fils, Kurata, il réagit aux bruits avec autant de nervosité qu'elle mais n'en reste pas moins à observer le travail des ouvriers, en mâle qu'il est, et impose sa marque sur tout objet qu'il ne connaît pas.

Pour le moment, des objets que Kurata ne connaît pas, la maison en est pleine, et il maîtrise le volume à dispenser par-ci par-là, à doses homéopathiques. Et moi, j'ai pour tâche matinale de pulvériser du désodorisant avant l'arrivée des ouvriers.

Mes occupations sont devenues plus nombreuses : jusqu'ici, la promenade de Zizi se faisait au gré de ma convenance, mais en ce moment, je la sors avant que les ouvriers n'arrivent, après quoi, à l'attache. Elle a fort bien saisi le système et quand elle me voit sac à crottes à la main et sneakers aux pieds, prêt à sortir, elle me fait savoir son désaccord en se détournant, et je dois me résoudre à jouer avec elle dans le jardin : je prends la pose du sumotori qui va bondir sur son adversaire, voyant cela, elle se rue sur moi, me met dans le vent, comme on dit au rugby, et me file entre les bras ; j'avais commencé par riposter par un tacle, mais le froid a raidi le gazon et rend la prise douloureuse, je me contente donc de tendre les bras. Quand je me laisse choir sur le derrière en feignant l'épuisement, elle s'approche en jouant indolemment des hanches et me passe la langue sur les mains et le visage, ce dont je profite sournoisement pour la saisir à bras-le-corps et lui passer le collier tenu caché jusque-là, alors elle manifeste son mécontentement ; en tout cas, pour le moment, elle ne semble pas avoir fait le rapprochement entre le jeu et le fait d'être attachée.

Ceci est sans rapport avec les travaux, mais Charly a commencé à poser ses marques. Il n'est pas difficile quant à ses cibles, sur lesquelles il se déleste d'une quantité phénoménale de liquide, arc-bouté des quatre pattes, poitrine gonflée, en des jets rigoureusement horizontaux que sa vigueur propulse à bonne distance lorsque rien ne vient faire obstacle. A ce train-là, la maison aura peut-être gagné en résistance face aux séismes, mais je ne donne vraiment pas longtemps aux cloisons et aux piliers refaits, aux *fusuma*, aux *shôji* et aux portes, pour se retrouver couverts de taches. Telle est la rançon de la vie en compagnie animale. J'ai commis l'erreur d'oublier de fermer la porte arrière de la cuisine enfin redevenue présentable, et Zizi, demeurée libre, est entrée pour se livrer elle aussi à une inspection en règle, résultat : un revêtement de sol flambant neuf maculé de boue et agrémenté d'autres souvenirs de sa visite, grands et petits, spectacle qui a mis ma femme hors d'elle. Elle a rugi à l'adresse de la coupable qui joue les non-coupables dans le jardin : « Refais ça et je jure de t'emmener à Chiba, et je te laisse là-bas ! » Je cherche en vain pourquoi ce nom de Chiba a été évoqué. Zizi s'est échappée plus d'une fois au cours des travaux. Lui courir après serait peine perdue. En règle générale, elle est de retour au bout d'une dizaine de minutes, mais repart aussitôt au petit trop en m'apercevant devant le portail où je l'attends, sinon, si c'est ouvert, elle entre et se tient dans un massif, peut-être une cachette dans son esprit, pour réapparaître à mon appel, sans doute interprété comme un pardon, car elle déploie alors des trésors d'aménité. Charly est le seul à ne pas se montrer gêné par le tintamarre ambiant et les allées et venues, il est comme un chien dans un jeu de quilles. J'ai beau le mettre et le remettre dehors, comme tout n'est que trous autour de nous, et donc autant de passages, il revient asticoter les tortillons de copeaux, renifler les liquides dans leurs bidons, et plus encore : au moment de la pause déjeuner, il vient s'asseoir près des ouvriers, réclame un petit quelque chose de leur bentô, un comportement que je ne peux m'empêcher de trouver inconvenant au plus haut point. Il a vraiment l'air d'apprécier ce que mangent ces étrangers. Un vermicelle de *konnyaku* au soja, par exemple, qu'il immobilise d'une patte, la mine ravie, avant de le saisir entre ses dents pour tirer dessus et l'avaler, lui dont l'ordinaire est saumon, sashimi ou maquereau. Bien qu'il boude généralement le blanc de poulet, le voilà qui bondit sur un morceau de poulet frit. Pas à dire, comme greffier sans principes, on ne fait pas mieux.

Des énigmes vivantes

La cause en serait-elle le froid qu'il fait, ces derniers jours, je n'aperçois que rarement des chats dans la rue.

Parfois, il m'arrive d'en rencontrer un bien grassouillet en train de traverser la chaussée devant moi d'un pas lourd, insouciant, et alors il faut voir le panache de celui à qui rien ne fait peur !

Nous vivons un temps où la nourriture fait plus qu'abonder, arrivés à un certain stade de croissance, les chats ne risquent guère d'être sérieusement affamés ; au moins, ils sont costauds et, exception faite des chatons abandonnés, je n'aperçois nulle silhouette misérable.

Il est difficile de trouver d'aussi bons modèles que les chats. J'imagine volontiers qu'en Afrique, par exemple, ils sont légion à être encore plus photogéniques, qu'on pourrait les contempler trois cent soixante-cinq jours par an sans se lasser, mais les chats ont ceci pour eux que chacun vit une vie autonome, à sa fantaisie, et l'humain que je suis ose prétendre que tous sont de splendides créatures.

Je suis devenu ce qu'il est convenu d'appeler un fan des chats, un ailurophile. En promenade au bord de la rivière avec Zizi, je croise diverses variétés de ses semblables, mais non, le feeling n'y est pas ; je vois les chiens folâtrer entre eux, leurs maîtres bavarder joyeusement, de quoi ? Cela reste impénétrable pour moi, et l'envie me prend de ricaner.

Tandis que des chats, j'en connais qui paressent en haut d'un mur de clôture ; un autre qui trône avec une immobilité de chat en porcelaine, à côté de la caisse d'un café ; un autre encore qui reste affalé sur le parquet des coulisses d'un théâtre dans le plus complet désintérêt pour les gens qui s'y trouvent, de sorte que vous ne vous avisez pas de sa présence et, in extremis, vous devez changer de pied et faire un brusque écart de côté pour l'éviter, sans qu'il en soit ému ; un autre encore, ténébreux, qui paraît blasé de tout ; et la plupart de tous ceux-là ne veulent point entendre parler de ce que je ressens.

Voici une bonne dizaine d'années que Midori est, je ne dirais pas installée, mais du moins élevée ici, et si elle a des épisodes d'amabilité, fort rares au demeurant, elle ne m'inclut pas dans son monde. Même relativement à sa pâtée, elle affiche une indifférence de principe : « Que j'en veuille pas, qu'est-ce que ça fait, dis voir un peu ? »

L'âge y est sans doute pour quelque chose, mais à bien observer le jeune Kurata, je me dis qu'il suit la voie qui est la sienne, et même s'il sursaute à chaque bruit et s'intéresse à mes visiteurs, il semble vivre un quotidien où tout se déroule selon les lois régissant l'univers, et il est cool jusqu'au bout des griffes.

J'ai beau comprendre que cela est rendu possible précisément parce qu'il est sous la protection des humains, ma femme et moi en l'occurrence, il n'empêche qu'il vit dans une tout autre dimension. Suis-je dans l'erreur en pensant que les gens de pouvoir ne doivent pas apprécier les chats ?

Selon moi, les chiens non plus ne sont pas d'une aussi parfaite docilité envers leurs maîtres qu'on veut bien le dire. Par exemple, Zizi. Elle me résiste souvent, et lorsqu'elle se résigne à m'écouter, ne dissimule pas qu'elle fait contre mauvaise fortune bon cœur, ce que ne font pas les chats.

Mon imagination se donne souvent libre cours, un cours varié autant que fantaisiste, ainsi la vue de Charly assis à la fenêtre et regardant dehors sans bouger d'un poil me suggère qu'il brûle d'envie de gambader à l'extérieur, sur quoi je lui ouvre, mais il n'a pas la moindre réaction, sinon qu'il détourne la tête et se borne à changer de place.

Quand il veut rentrer au bercail après avoir fait les quatre cents coups, la nuit, il m'envoie un signal. Quand la cloison à *shôji* lui est ouverte, il pousse un bref miaou, le minimum syndical. Que je traduis par un « merci », mais ce n'est pas du tout ce que l'intéressé à l'air de penser !

On parle facilement d'« animaux de compagnie ». Mais les chats méritent une autre appellation. Ils sont nos égaux.

On prétend cependant volontiers que les chats font des esclaves de leurs maîtres, mais ce n'est pas mon impression. Je ne sais si l'épithète d'incolore ou de transparent leur est applicable, en tout cas, les faibles humains qui les approchent sont incapables de se passer d'eux. Oui, ces bêtes font d'excellents sujets pour le dessin ou la photo, mais ils conservent toujours une part de flou.

Il est abusif de prétendre qu'en prenant pour familiers ces énigmes vivantes que sont les chats, les gens s'assurent un repère dans leur propre existence, qu'ils se projettent dans les formes et les mouvements des félins. Il suffit qu'ils disparaissent comme des ombres, ai-je envie de dire, sauf que parler d'« ombres » implique qu'il existe une « lumière » qui les produit, une « substance », ce qui est bien difficile à découvrir. Seule chose indubitable : ces êtres vivants auxquels on a donné le nom de chat sont là, et c'est tout.

A réfléchir ainsi, on comprend pourquoi les photos et les peintures de chats sont l'objet d'une pareille vogue chez les humains. Dès lors que leur silhouette est fixée sur un support, on peut prétendre qu'ils sont « mignons » ou « beaux », mais ceux qui ne le sont pas n'en existent pas moins, au-delà de cette expression d'empathie, et c'est probablement la raison pour laquelle Natsume Sôseki a écrit son *Je suis un chat*. J'ajouterai que dans ce pays, ces bêtes passent pour se métamorphoser. Caractères ou mouvements humains sont qualifiés de « souples », « hautains », « agiles » comme on le dit des chats, mais j'estime que c'est trop jouer la facilité. L'abus de qualificatifs ou d'expressions tels que « félin » ou « pareil à un chat » suffit à disqualifier le romancier.

Tout en me disant que ce sont de drôles de citoyens, je suis allé acheter ce qui ressemble à de petits futons, pour les protéger du froid, et je me réjouis fort de les voir consentir à coucher dedans. Quand Charly ronronne en goûtant à l'herbe-aux-chats que je lui ai donnée, je me sens moi aussi rasséréné.

Mes rapports aux chiens et aux chats remontent à pas mal de temps. Leurs rapports entre eux, je crois les comprendre. Il n'empêche que je trouve que le premier humain qui a adopté un chat avait un fameux courage.

Zizi ne se remet pas

En prévision des séismes, les murs de notre pavillon délabré ont été abattus, étayés de ce qui s'appelle des contrefiches, les tuiles pesantes remplacées par de la tôle, le soubassement bétonné. Durant ces travaux, un imprévu : je me suis cogné le crâne contre l'échafaudage et j'ai été transporté à l'hosto, mais à part ça nous voici avec une maison dont la résistance, nous a-t-on dit, est désormais moitié plus grande.

Deux ans et plus après le tremblement de terre de Kôbe, ceux qui demeurent en dehors de la région sinistrée semblent bien n'en garder qu'un lointain souvenir, réaction naturelle de survie. Qui pourrait vivre trois cent soixante-cinq jours sur trois cent soixante-cinq avec l'obsession d'une secousse d'amplitude 7, de maisons qui s'écroulent, de voies aériennes et d'immeubles qui s'effondrent ?

Il se trouve que, redoutant depuis presque quarante ans un second tremblement de terre du Kantô, j'ai formulé mes appréhensions dans divers écrits, ce qui m'a valu, à une certaine époque, d'être pressenti pour faire partie du Comité de lutte parasismique de la municipalité de Tôkyô. Un entretien préalable avec le vice-gouverneur chargé de la question m'a fait réaliser que nous avions des vues radicalement divergentes, si bien que je n'ai pas donné suite. Je prétendais qu'il fallait s'inquiéter en priorité des blessés et des victimes, et même se préoccuper des hôtes des zoos et aquariums, ainsi que des chats et chiens d'intérieur. Les conceptions de ces bureaucrates évoquaient éloquemment ce qu'étaient les exercices de défense passive durant la guerre.

Après cette catastrophe, les médias se sont emparés, sur un mode édifiant ou sentimental, d'histoires de chiens attendant leur maître décédé ou de chats sauvés des décombres au bout de plusieurs jours.

Soucieux du sort de notre chienne et de nos chats, nous avons constitué un stock de nourriture que nous gardons avec le nôtre. Tôkyô n'a pas connu de tremblement de terre de puissance 4 ou plus depuis plusieurs dizaines d'années. J'ai beau savoir l'ampleur dantesque des dégâts causés par cette secousse de niveau 7, j'ai peine à imaginer la terre mugissant, un lourd frigo se déplaçant comme le ferait une boîte de carton emportée par le vent ou une télévision en train de voler. La question des traumatismes dont souffrent les chiens et les chats est aujourd'hui totalement évacuée, on peut le dire sans exagération, sauf en ce qui concerne les nourrissons, les tout-petits et les enfants, les hommes inversent de manière scandaleuse l'ordre des priorités. Pour prendre mon modeste exemple, je traîne toujours avec moi les épreuves endurées il y a cinquante-deux ans sous les bombardements. Face aux traumatismes subis par les enfants en bas âge, chez lesquels rien n'apparaît extérieurement, et aux désordres qui en découleront lorsqu'ils seront en âge d'intégrer la société, nous n'avons quasiment pas de spécialistes. On n'a toujours pas saisi qu'on est là en face de quelque chose de radicalement différent de ce qu'on appelle les maladies mentales.

Les chiens qui se sont trouvés séparés de leurs maîtres après le tremblement de terre étaient devenus anormalement méfiants et ne cessaient d'aboyer. Ou encore ils étaient devenus craintifs à l'extrême et se tenaient blottis au sol ou tapis tout au fond des cages exiguës où ils étaient enfermés. Quant aux chats, je n'en ai pas aperçu.

Les secousses, les bruits engendrés par les travaux dans la maison sont choses négligeables, mais la zone où nous nous trouvons, de niveau bas, était autrefois régulièrement transformée en bourbier à la moindre pluie, puis des maisons ont commencé à y pousser à partir des années 1930, les rues y sont étroites et sinueuses. Les véhicules d'une certaine importance n'y entrent pas, on ne peut rouler vite, ce qui fait que le quartier est bien tranquille même dans la journée.

Dans un pareil contexte ont surgi les bruits stridents de métaux ou de bois qu'on scie, les échos sourds des pieux de fondation qu'on enfonce, bref un vacarme de tous les diables. Je ne dirais pas que les chats se sont accoutumés, leur premier réflexe a plutôt été de prendre la tangente, de chercher refuge au plus loin de la source de ces bruits, sur le toit de la resserre ou à l'arrière de la maison, et d'y rester couchés, avant de revenir se faufiler par les trous des murs et des plafonds et se livrer à une exploration en règle ; les modifications intérieures apportées à la maison, en tout cas, excitaient manifestement la curiosité tant de mamy Midori que de Kurata l'incontinent.

Comme nous avons fait installer de l'isolant thermique, je voulais prendre des mesures pour l'empêcher d'y imprégner son odeur, mais le mal était déjà fait. Charly, lui, s'en allait durant les travaux, autrement dit tant qu'il faisait jour, et rentrait tard le soir. Où avait-il traîné et qu'avait-il fait pour revenir de toute évidence fourbu et s'endormir d'un sommeil profond ? Une seule chose était certaine : il s'était dégoté sa pitance. Et à l'occasion quémandait auprès des ouvriers.

La plus affectée s'est trouvée être Zizi. D'ordinaire, je lui laisse sa liberté dans le jardin. Comme le portail restait ouvert pendant les travaux, je l'attachais au retour de notre promenade matinale légèrement rallongée. Première cause de désagrément. Doublée de la proximité immédiate du vacarme et des tremblements. Une fois dans sa niche, elle n'en sortait plus, la mine morose, m'ignorant même lorsque je m'approchais.

La personne à laquelle elle était autrefois le plus attachée, c'est notre aînée. Lorsque celle-ci s'est mariée et nous a quittés, Zizi a eu un coup de cafard, mais cela n'a pas duré, et je lui ai trouvé le cœur sec. Mais quand notre fille se montrait pendant les travaux, il fallait voir la joie exubérante qu'elle manifestait, on aurait dit qu'elle découvrait en la visiteuse celle qui allait la tirer de cet enfer : aboiements répétés, mordillements, elle déployait la force innée à sa race pour tirer avec elle la niche à laquelle elle était attachée et tenter de s'approcher. Seulement, holà ! Notre fille avait généralement bébé dans les bras. Au début, Zizi n'y prêtait pas attention, mais comme si elle avait saisi que cette étrange masse de chair était vivante et avait plus d'importance qu'elle-même, elle s'est mise à déprimer. Même en promenade, elle s'agitait. Elle qui jusque-là snobait ses congénères croisés en chemin, à présent elle voulait s'en prendre à eux du plus loin qu'elle les apercevait. Arrivée à proximité de la maison, elle tirait sur sa laisse dans la direction opposée.

Le chantier est clos, les chats ont repris aussitôt leur existence coutumière. Charly, qui déjà sortait souvent, a pris l'habitude des courses nocturnes ; de retour à point d'heure, il passe le reste de la journée à dormir comme un loir. Cela fait l'affaire des deux anciens, qui ne peuvent plus rivaliser avec le costaud qu'il est devenu.

Zizi, elle, n'a toujours pas recouvré la forme. Elle a pris sa niche en grippe, et bien que nous soyons en hiver, elle a creusé sous la véranda un trou à peine plus gros qu'elle où elle se tapit pour dormir. Tant de gens passaient par le portail, il y a peu, c'est peut-être pour cela qu'elle a cessé de s'y précipiter dès qu'elle sent une présence, elle ne salue plus mon retour ni celui de ma femme, pire encore, les étrangers, peuvent bien venir jusqu'au vestibule, elle ne veut pas le savoir ! Le rôle de chien de garde qu'elle arrivait tout juste à assurer, il n'en est plus question aujourd'hui. En revanche, ses rapports avec Charly ont gagné au change. Ce dernier peut attaquer son repas avant elle sans qu'elle y trouve à redire, s'il s'approche et se couche à son endroit ensoleillé, elle s'allonge à côté, le renifle parfois, se prend un coup de patte.

L'appétit ne lui est pas revenu, alors qu'avant les travaux elle avait tendance à s'enrober, elle est devenue passablement svelte, je devrais plutôt dire qu'elle a rapetissé d'une taille, je le sens très bien en lui passant son collier.

Elle qui est moins sensible que les autres, les travaux, somme toute modestes, lui ont pourtant causé un choc, alors que les chats, que le moindre bruit paniquait, ne montraient aucune réaction. D'autres vont encore plus loin dans l'indifférence, ce sont les oiseaux. J'avais aménagé deux mangeoires dans le jardin. Même au plus fort des travaux, ils y déployaient un appétit féroce ; chose qui ne cesse de m'intriguer, alors qu'à aucun moment ils ne se sont départis de leur méfiance à mon égard – moi qui les nourris depuis des lustres –, les ouvriers pouvaient s'approcher jusque relativement près sans qu'ils manifestent aucun intérêt. Y aurait-il chez eux un gène qui les mettrait en garde vis-à-vis de leur père nourricier ?

Le chat écrasé

Un chat du voisinage, que je connaissais de vue, est mort écrasé par une voiture.

Comme je l'ai écrit précédemment, j'avais aperçu un jour une maman chat qui cheminait avec ses quatre petits à la queue leu leu derrière elle, après quoi je m'étais mis à déposer discrètement non loin de la nourriture et de l'eau. Il s'agit d'un de ces chatons.

Des croisés de siamois et de je ne sais quoi, croquignolets au possible, qui pour employer un ton badin m'ont fait penser à des ratons, encore que je ne puisse faire la comparaison puisque je n'ai jamais observé sérieusement ces derniers, quoi qu'il en soit, ils étaient d'une souplesse sans commune mesure.

Comme je passais près de l'endroit où étaient ces chats, un réflexe m'a fait regarder sous la voiture que je voyais derrière une haie.

Sur quatre, j'en ai aperçu deux, ils étaient d'une belle taille à présent mais jouant au soleil comme des chatons, parfois déchirant les sacs-poubelles, les deux autres, je les avais perdus de vue. J'ignorais où ils avaient été recueillis. Car ils étaient trop mignons pour être restés à l'abandon. Moi-même j'avais eu envie d'en adopter un, ou tous les quatre, pourquoi pas.

Et d'abord, qu'était devenue la mère ? J'avais croisé à quelques reprises le regard de ces deux-là, jamais l'un sans l'autre, qui m'avaient fixé d'un même mouvement, l'espace d'un instant, sans bouger, pour aussitôt s'enfuir, à croire qu'ils venaient de voir une horreur sans pareille.

Leur territoire s'étendait de chaque côté d'une petite rue à sens unique qui débouche très vite sur la rue principale, où des feux obligent les véhicules à s'arrêter. Aucun ne roule à vive allure, durant la journée tout au moins. Au coin se trouvent, de part et d'autre, un terrain transformé en parking et un petit immeuble locatif, où je m'étais renseigné en vain pour découvrir le propriétaire des bêtes.

Je rencontrais fréquemment mes deux chats. J'étais à bord de la voiture d'un ami, en route pour le centre-ville, lorsque j'ai aperçu l'un d'eux gisant sur l'asphalte. Nous étions encore à une certaine distance quand je l'ai reconnu. J'ai vu quelque chose de blanchâtre sur le sol, en face de nous, à gauche, et deux hommes devant l'immeuble à droite. D'instinct, j'ai su que c'était ce chat, qu'il gisait ainsi parce qu'il avait été renversé par une voiture, il demeurait parfaitement immobile. Il se rapprochait très vite, j'ai distingué la tête tournée vers la grande rue, sa silhouette paisiblement endormie, du rouge sur un côté au niveau des hanches.

Mort sur le coup, probablement. J'ignorais comment il avait été heurté, l'asphalte ne portait aucune traînée de sang. Et l'autre, le chat de quelques mois, sans doute presque adulte maintenant, à la silhouette toujours menue, qu'était-il devenu ? Fallait-il laisser le malheureux sur place ? Il serait bientôt aplati comme une limande, forcément, la rue est si étroite. Le ramasser ? Mais je n'avais pas d'outils. Rentrer à la maison, prendre des gants, une pelle et une bâche plastique, puis simplement l'enterrer dans le jardin ?

L'ami au volant, autre amoureux des chats, ne pouvait pas ne pas l'avoir remarqué. Il a levé le pied, cela a duré deux ou trois secondes : à la vue de la tête que faisait l'un des deux hommes près desquels nous passions, j'ai compris qu'il était le maître de l'animal. Comme hébété, on devinait qu'il s'était trouvé là aussitôt après le drame arrivé à son compagnon.

Bien qu'il lui aurait été aisé de poursuivre sa route en contournant le cadavre, mon ami a jeté un coup d'œil dans le rétroviseur, passé la marche arrière et pris une ruelle latérale. Le maître était là, sur les lieux, inutile de s'en mêler. Toutefois je me sentais démoralisé à l'idée que, pour un bon bout de temps, le souvenir me reviendrait à chaque fois que je passerais par cet endroit. Pris en écharpe, l'animal avait perdu beaucoup de sang, mais il gisait dans une position qui, si elle était loin de suggérer la paix de l'âme, avait quelque chose de tout à fait naturel. Je n'ai jamais été témoin d'un accident corporel, mais j'imagine que les victimes ne se présentent généralement pas dans une pareille position, comme en train de dormir.

Deux de mes amis et deux membres de leurs familles ont eu un accident de voiture, sans qu'il y ait eu de mort. « Le chat a surgi devant la voiture, que veux-tu y faire ? Il a dû être ébloui par mes lanternes et s'est collé au sol. » Il y a une bonne dizaine d'années, la grand-mère himalayenne de Midori s'était fait accrocher devant notre portail et était morte, sans la moindre blessure. Au dire d'un voisin témoin de la scène, elle avait été prise sous le véhicule puis, celui-ci éloigné, s'était relevée normalement, avait couru jusqu'au portail, où elle s'était effondrée. Le voisin avait sonné et annoncé la chose à une de mes filles.

Cette fois-ci, ma première idée a été d'enlever le cadavre. Seulement voilà, en aurais-je été capable, si je l'avais vu de près ? Je n'ai pas pu en avoir une idée nette, mais pareille quantité de sang m'a fait penser que le corps devait être bien mal en point. J'ai beau dire, il y a de fortes chances que j'aurais jugé préférable de m'épargner ce vilain spectacle et poursuivi mon chemin.

Réflexion faite, à l'âge qui est le mien, des visages de personnes décédées, l'occasion m'a été souvent donnée d'en voir, mais des corps ensanglantés, non, je n'ai même jamais vu celui ne serait-ce que d'une souris. Comment était-ce autrefois ? Pour les chiens et les chats, la pire des calamités est probablement la circulation automobile ; au temps où les voitures étaient peu nombreuses, les morts par accident étaient rares, quant à celles dues à la maladie, en règle générale les chats se dissimulent pour attendre le moment fatal. De la même façon, on ne voit de cadavres d'oiseaux qu'après une pluie torrentielle, et encore s'agit-il de tout petits oiseaux.

Au retour, je suis sorti de la gare, me suis rapproché de l'endroit fatal. J'avais bien envie de faire un grand détour. Il aurait été étonnant que le chat y soit encore, bien sûr, mais j'avais beau plaindre la petite victime, comme je savais que la tristesse allait être la plus forte, je voulais éviter de repasser là.

Durant les derniers mois de la guerre, j'ai eu sous les yeux quantité de cadavres humains. Et dire que je crains la vue d'un chat crevé… J'ai beau savoir que c'était une belle bête de son vivant, aucun doute, je suis devenu bien délicat.

Oiseaux et chats et leur manège

En face de mon bureau, dans le jardin, se trouve la table aux oiseaux. Quelle que soit la saison, mais surtout en cette période de l'année où la nature n'offre pas grand-chose à picorer, tout le jour ou presque, de l'éveil du printemps à maintenant, et cela à heures fixes, comme s'ils respectaient un horaire de repas, les oiseaux se rassemblent, une centaine pour les moineaux, et alors le gazon prend sous cet essaim l'apparence de la terre mise à nu.

L'ancêtre de notre colonie féline, Dada, lorgnait volontiers les oiseaux. Tapi dans le massif voisin, il incarnait à la perfection l'attitude du félin en chasse, sauf qu'il bondissait à contretemps et que cela finissait régulièrement par une sieste au soleil sur la table, d'où il rentrait avec chènevis et graines de tournesol pris dans les poils.

La tradition veut que les premiers à pousser leur cri le matin soient les corbeaux et, de fait, on les entend dans la pénombre saluer le point du jour. Ce sont les mêmes qui, les jours où passent les éboueurs, écument les détritus à coups de bec. Pour les en empêcher, les humains recouvrent d'un filet les amas de sacs, ce qui a eu pour effet de réduire les dégâts, et ces derniers temps le nombre de corbeaux a notablement diminué.

Sur le centre de traitement des ordures de la ville de Tôkyô – « l'île des rêves », « la cité des oiseaux », disait-on par le passé – les mouettes rieuses ont proliféré au point qu'on dit que lorsqu'elles prennent leur envol et tournoient toutes ensemble, le soleil devient noir. Et ceux qui régnaient autrefois sur ces lieux, les corbeaux, ont perdu toute leur superbe. Dans les faits, à Ginza, ils sont aujourd'hui peu nombreux, et j'ai moi-même aperçu par deux fois l'un d'eux, blessé, blotti parmi les fleurs d'une jardinière sur un trottoir.

Petits, les descendants de Dada manifestaient un semblant d'atavisme de chasseur, mais une fois devenus grands, ils n'ont plus eu un regard pour les oiseaux, à part Neige qui, même une fois adulte, conservait un reste de son enfance et prenait la posture adéquate, pour finalement revenir avec… une pomme de pin dans la gueule.

Les mœurs des oiseaux sauvages et le comportement des chats sont intéressants à observer. Fainéant comme je suis, je n'ai jamais pris la peine de me renseigner sur les oiseaux qui viennent dans le jardin. Bulbuls *hiyodori*, ramiers, piafs, oiseaux à lunettes, verdiers de Chine, étourneaux, les ramiers étant les plus culottés, qui viennent vous picorer les graines sous le nez. On a beau avoir fait du pigeon – enfin, de la colombe – le symbole de la paix, pour moi, ils font figure de féroces Huns emmenés par Attila, surtout quand je vois comment ils se conduisent sur les mangeoires.

A peine ai-je ouvert la porte que tous s'envolent avec un bel ensemble, à l'exception des ramiers. Charly ne fait pas exception, il ne s'intéresse pas à eux outre mesure. Il passe au peigne fin les graines dispersées, là-dessus se pointe Zizi qui a deviné, à m'entendre ouvrir la porte, et vient demander à faire sa promenade. Cela lui vaut une réception agressive de la part des deux himalayens restés à l'intérieur, un peu à l'image d'une jeune recrue de belle corpulence d'une écurie de sumo qui se ferait souffler dans les bronches par un ancien coté au troisième rang inférieur du classement. Faut-il que Midori ne puisse pas l'encadrer pour siffler ainsi après la chienne chaque fois qu'elle la voit !

Sur quoi, Zizi et Charly se mettent à jouer, ce qui prend plutôt la forme de provocations obstinées de la part de la chienne, à quoi Charly ainsi asticoté répond en se retournant vers elle pour lui décocher une série de punchs quand elle arrive sur lui. Elle se rejette alors en arrière de façon grandiloquente en grognant bruyamment. Même une fois adultes, les chiens restent joueurs et Zizi, proche de la cinquantaine – pour parler humain –, a tout d'un chiot.

Durant cette joute, les oiseaux sont revenus et, sans la moindre attention pour les deux belligérants, ont repris leur repas, il faut voir avec quel entrain ! Ils sont en plus grand nombre et les tas que je dépose matin et soir sur les deux mangeoires ont tôt fait de disparaître. Des beaux tas de graines de tournesol, de mandarines et de pommes à l'état avancé, de riz, de chènevis, de céréales diverses, ils font place nette, en éparpillant tout autour des grains qui, ramassés, rempliraient presque un magnum en plastique. Mandarines et pommes sont proprement dépiautées. Omnivore depuis quelque temps, Zizi avale concombres et tôfu, auxquels elle ajoute ce qui reste des pommes tombées à terre, autrement dit la peau.

Le temps s'est adouci, nos trois chats passent la journée dehors quand il fait beau. Depuis l'hiver, Charly joue les vagabonds, on dirait même qu'il s'aventure assez loin. Après s'être battu – et avoir pris vraisemblablement une raclée –, il a le moral au plus bas et, dans ces occasions, il imite ses anciens et se blottit dans l'ombre d'un massif, à moins qu'il ne se perche sur le haut du mur et s'y éternise sans plus bouger qu'un nain de jardin. Chacun des trois émet un miaulement à mon approche. Je ne sais si c'est pour me saluer ou si c'est manière d'affirmer sa présence. Jamais je ne les ai vus faire leurs besoins dans le jardin, ni n'ai découvert de preuve tangible ; ils se soulagent fort décemment à la maison. D'ailleurs, j'avais fabriqué, il y a un certain temps, un petit bunker destiné à ma femme pour son entraînement de golf, et les cinq himalayens que nous avions alors n'avaient pas caché qu'ils se faisaient un réel plaisir de l'adopter pour leur petit coin.

Lorsqu'à mon bureau, je tourne la feuille que je viens de noircir, cela suffit à alerter les oiseaux qui s'égaillent, bien que nous soyons séparés par une porte vitrée. Certes, il arrive qu'un tout jeune, absorbé par sa quête des grains éparpillés, s'approche jusque près du seuil, mais c'est extrêmement rare.

J'ai fait consolider les fondations de cette antique bâtisse en prévision des séismes et, par la même occasion, renouveler cloisons coulissantes et nattes, ravaler sérieusement les parois, nettoyer les piliers. Quatre mois ont passé, le décor est celui d'un temple à l'encan déserté par ses bonzes, parois et piliers sont compissés de partout, de plus, la saison est venue où les chats perdent leurs poils… Un cloaque, je me dis ! J'ai regardé bien des photos d'intérieurs où habitent des chats, la plupart du temps tout est dans un ordre impeccable, de déchirure, nulle part. Nos lascars auraient-ils reçu une mauvaise éducation ? Sous peu ce sera le tour de la saison des puces, mais je sais que, maintenant que notre aînée est mariée et que la cadette vit sa vie, ma femme, qui a du temps à revendre et horreur de ces bestioles, va se mettre en devoir de les traquer, car ce sont ses bêtes noires. Je la vois déjà passer la moitié de la journée avec un chat puis un autre sur les genoux et les écraser entre deux ongles, et je ressens quelque pitié pour ces pauvres puces. S'il existait un concours dans ce domaine, je la vois bien l'emporter haut la main, tant elle révèle un haut degré de professionnalisme à l'entendre dire : « Viens ici. On se tient tranquille. Tu vois, en voilà une ! Ça y est, je l'ai. » Rien ne dit qu'à plus ou moins long terme elle ne gagne pas sa croûte en se faisant « laveuse de chiens et épuceuse de chats ».

C'est bien beau, tout cela, mais que sont devenus les corbeaux ?

Je dessine mes chats

Rentré d'une de ses virées, Charly le noctambule commence par avaler sa pitance, puis vient dormir dans mon bureau. En mon absence, mes feuilles à manuscrit sur ma table de travail lui tiennent lieu de couche, sinon, quand je suis là, sa place est autant dire fixée, de l'autre côté de la table, et si je lève la tête, je le vois qui dort en face de moi.

Un jour où l'inspiration me boudait, je me suis essayé à le dessiner. Cela faisait cinquante ans que je ne m'étais pas livré à cet exercice.

A l'école communale, nous avions un cours de dessin. Je crois me souvenir que cela avait commencé dès la première année, mais je n'ai aucun souvenir de ce que je dessinais alors. A partir de la quatrième année, le cours de dessin et peinture était donné dans une salle réservée, à côté de celles de musique, de gymnastique, de travaux manuels et de leçons de choses, les filles faisant de la couture au lieu de la gymnastique.

En quatrième, nous avions un cahier de modèles, dont j'ai aussi oublié en quoi il consistait, sinon que c'étaient de véritables dessins imprimés en couleurs, que nous passions notre temps à copier. En cinquième et sixième années, nous reproduisions des paysages, des cônes ou des visages humains en plâtre, comme on en voit encore aujourd'hui. Parallèlement, guerre oblige, nous copiions des modèles d'avions ou de navires de guerre, moi, c'était essentiellement des croiseurs lourds si caractéristiques de notre marine, et mon préféré était *le Maya*.

Aujourd'hui encore, *le Maya*, je peux le brosser honnêtement en deux ou trois minutes. Quant à ceux qui me précédaient de trois ou quatre ans, j'ai entendu dire qu'ils dessinaient volontiers de belles Américaines.

J'ai été primé deux fois aux expositions de dessins organisées par la municipalité de Kôbe. La première fois, j'étais en quatrième, j'avais dessiné une poupée occidentale, les grandes personnes ne pouvaient croire que c'était un dessin d'enfant, selon elles, il fallait que j'aie été aidé par un très bon amateur ; de fait, j'avais un cousin qui fréquentait une école de beaux-arts et qui me conseillait de temps en temps sur l'utilisation des couleurs, mais comme il était la plupart du temps à Tôkyô, je ne le voyais que de loin en loin. J'aurais pu en éprouver un dépit légitime, mais au lieu de cela, j'ai interprété ces paroles comme le plus beau compliment qu'on ait pu me faire. La seconde fois, en automne de ma sixième année, ce fut pour un dessin de l'attaque de Pearl Harbour par notre aéronavale. Je m'étais inspiré d'une photo aérienne vue dans le journal, qui montrait les bâtiments américains *Arizona*, *Maryland* et *Utah* en flammes sur le point de sombrer. Le dessin de poupée, je l'ai offert ensuite à la famille qui m'avait prêté la poupée et qui avait émis le souhait de l'avoir, Pearl Harbour n'est jamais revenu de l'exposition, et moi, je suis passé au collège, je n'en ai plus jamais eu de nouvelles. Outre ces dessins, j'en ai fait de plus originaux pour ces cartes postales illustrées qui étaient destinées aux soldats mobilisés sur le front, dont l'un, sur le thème du cheval, a été retenu. Je l'avais tout simplement calqué dans je ne sais quel album et j'ai bien senti que c'était de la triche.

Au collège, j'ai commencé par dessiner ma main gauche, après quoi je n'ai plus fait que des paysages. A Kôbe, montagnes et mer sont proches, les pavillons des étrangers, tellement en vogue de nos jours, il y en avait à tous les coins de rue jusqu'à ce que la ville soit incendiée. Le cours de dessin avait tout d'une heure de temps libre, j'expédiais mon dessin, ensuite, soit je vadrouillais dans les environs, soit je faisais son dessin à la place d'un camarade, disons que j'aimais plutôt cette activité. Dans ce domaine, les dons font toute la différence, mais j'étais conscient de ce qui me séparait des meilleurs. Quelle qu'ait été l'année, je crois pouvoir dire que je n'ai jamais fait mieux que deuxième ou troisième de la classe. La peinture à l'huile avait été mise au programme à partir de la troisième, mais, la guerre s'intensifiant, le cours n'a pas survécu ; à cela s'ajoutait le risque d'être pris pour un espion si on dessinait la ville du sommet des collines.

Après les bombardements, la défaite, la période des décombres et du marché noir, vinrent les jours passés à boire sans plus penser du tout au dessin. Toutefois, avec l'argent gagné dans des activités que la morale réprouve, les trois années suivant 1950, j'ai acquis plusieurs toiles de Foujita dont les prix s'étaient effondrés, deux de Kumagai Shûichi, ainsi que des œuvres de Lalique, de Gallé, des céramiques de Royal Dalton, cela par nostalgie pour notre maison de Kôbe disparue en fumée.

Les aurais-je conservées, je serais maintenant en possession d'une jolie fortune, mais mes ardoises ont tout emporté. En 1952, tandis que la radio retransmettait les JO d'Helsinski, je ne sais quoi m'a incité à dessiner la glycine du jardin sur sa treille, mais atterré par la nullité du résultat, j'ai renoncé, et c'en a été fini tant de mes tentatives que de mes acquisitions artistiques.

L'envie de dessiner Charly m'est venue par pure envie de tuer le temps. Or, même s'il donne l'impression de dormir comme une souche, en réalité, un chat ne cesse de remuer. Il est d'une telle souplesse qu'un petit mouvement suffit pour que le maladroit que je suis s'embrouille les crayons, mais malgré cela, je me suis entêté et j'ai utilisé mon appareil photo. Une fois fixé ainsi, je devais bien pouvoir le rendre comme je le faisais en primaire.

Mais rien à faire. J'ai eu beau le dessiner, absence de talent oblige, ce que j'ai obtenu n'exprimait en rien l'aspect félin de mon Charly, la photo était de loin bien meilleure.

Sentant la difficulté qu'il y a à représenter un chat, j'ai cherché des œuvres sur ce sujet dans différents albums ou en visitant des galeries. Le premier artiste qui m'est venu à l'esprit a été Foujita, puis je me suis remémoré les himalayens de Kayama Matazô, et les rares peintures classiques où l'on en voit. Nombreux sont les tableaux où les animaux sont stylisés, réduits à des épures, mais pour être franc, des œuvres figurant des chats à la manière où l'on traite un nu, le mont Fuji ou les fleurs, pour ne citer que ces thèmes, l'inculte que je suis n'en a pas encore vu une seule.

Ce sont les photographies qui sont les plus abondantes. Une photo donne de n'importe quel chat une image correcte, conforme à ce qu'on attend de lui ; en suivre les contours au pinceau, c'est tuer le sujet.

Il est vrai que lorsqu'il s'agit d'êtres vivants gravitant autour de nous, quels qu'ils soient, leur représentation au pinceau ne donne rien de bien intéressant, ainsi même chez un Brasilier dessinant des chevaux, le résultat est plutôt moyen, ou si c'est un maître de notre peinture traditionnelle qui trace avec la plus grande minutie des moineaux, des coqs ou des rossignols, cela donne un banal objet décoratif dégageant une impression de vide.

Et de tous, le chat représente le plus gros écueil, mieux vaut encore le traiter sur le mode de la caricature, lui conférer un tracé minimaliste, et l'on obtiendra une silhouette qui sera vraiment celle d'un chat, un coup de crayon ordinaire y réussit même plutôt mieux.

J'ai réalisé un certain nombre de dessins de Charly, soit sur le vif, soit à partir de photos, et je me suis bien vite irrité de ne pas retrouver mon modèle, du coup je les ai achevés à coups de rouge, de violet, les peinturlurant à l'égal de monstres, et je me suis enfin senti calmé. Plus je tentais d'en faire un portrait vivant, de rendre à ma façon mon modèle, et moins mon Charly apparaissait. Je ne doute pas de ma maladresse, cela dit, je me demande si les chats, en tant que modèles, ne sont pas des sujets particulièrement ardus. J'ai eu pour camarade d'école Kondô Mitsuko. Ses tableaux de chats sont nombreux et moi qui m'y risque en simple amateur, cela m'a donné une nouvelle fois l'occasion de m'extasier sur son talent. Je doute qu'il se trouve quelqu'un actuellement au Japon qui l'égale pour ce qui est de représenter cet animal.

Charly est allongé en face de moi, mon crayon me démange, j'ai envie de le dessiner sur mon feuillet à manuscrit ; le résultat ne peut être que médiocre, mais à force de me sentir ainsi poussé à dessiner, je ne serais pas surpris d'apprendre que les chats sont des créatures diaboliques.

L'éternel félin

Lorsque j'observe Zizi, il m'arrive de me dire non « la pauvre », ce qui n'a pas grand sens, mais « la malheureuse ». Si elle vivait sur la terre de ses origines – pour ne pas parler de la Sibérie –, elle tirerait de lourds fardeaux, ce qui n'est pas une partie de plaisir, mais si nous étions au moins dans la lande de Hokkaidô, elle serait sûrement en train de courir après les renards ou je ne sais quoi. Sa promenade biquotidienne avec moi, à pas pesants sur quelque sept ou huit kilomètres, ne la libère sans doute pas de son stress. Les oiseaux ont beau se poser sur les mangeoires de la table du jardin, elle n'est pas une chienne de chasse mais d'une race qui tire de lourds traîneaux, et ne témoigne pour ainsi dire aucun intérêt pour la gent ailée, laquelle gent ailée d'ailleurs, si elle craint les humains, ne se méfie pas d'elle.

Ces derniers temps, les mangeoires reçoivent la visite de perruches, qui peuvent être parfois au nombre de six. Est-ce qu'en les voyant Zizi a senti qu'on marchait sur ses plates-bandes, en tout cas, elle entame un concert d'aboiements en direction de leurs coloris éclatants, sans toutefois y mettre une énergie excessive. Dans les villes européennes, les promeneurs accompagnés de leur chien font en sorte que la laisse ne soit pas trop contraignante pour les deux parties. Quant aux chiens, quand ils se croisent, ils font ceux qui ne se connaissent pas. C'est à se demander par quel dressage on parvient à ce résultat, cela s'explique probablement par le fait qu'une multitude de places ont été aménagées dans ces villes où les chiens peuvent s'ébattre librement et que, encore chiots, on leur inculque les « principes relationnels » qui sont de mise avec « l'autre », sous-entendu l'autre chien.

Pouvoir faire cela serait pour moi un soulagement, et pour Zizi aussi, pour qui se promener avec une laisse au cou n'est rien d'autre qu'une corvée.

Et les chats, qu'est-ce qui fait leur plus grand bonheur ?

Gageons que les vagabonds jouissent d'un certain degré de liberté, mais Tôkyô, pour prendre un exemple, est sillonné en tous sens par ces monstres que sont les voitures et autres véhicules, autant de Godzillas pour eux. Même s'ils peuvent survivre grâce aux ordures ménagères, leur comportement d'une infinie prudence me fait pitié. Leurs congénères domestiques, eux, donnent au moins l'impression d'une grande nonchalance. Du coup, je n'ai pas trop mauvaise conscience à me dire qu'eux aussi, par le passé, parcouraient plaines et bois comme ils l'entendaient et que les hommes les ont privés du plaisir de capturer eux-mêmes leurs proies.

Peut-être qu'ils étaient comme ça à l'origine, mais à les voir bâfrer et dormir à longueur de journée, c'est plus fort que moi, je me dis qu'il y a tout de même mieux à faire dans la vie.

Autre chose vue en Europe, à Rome plus exactement : sur les ruines antiques mises au jour, vivent une foule de chats abandonnés, nourris surtout par les touristes, qui se la coulent douce comme ce n'est pas possible. Les loups, ces ancêtres des chiens, sont en général peureux, aussi vivent-ils en meutes. C'est précisément parce qu'ils vivent de cette façon que notre langue connaît l'expression *a contrario* « loup solitaire ». On considère que les chats aiment la solitude, pourtant, nos himalayens, au nombre de deux actuellement, ont été jusqu'à six adultes. Ils ont à manger en abondance et comme les matous trouvent aisément un foyer d'accueil, nous avons toujours un seul mâle, qui n'a donc pas à se battre pour convoler. Il fut un temps où ils étaient deux, et de santé délicate l'un comme l'autre, nous les avons gardés ensemble ; résultat des courses : la virilité qui fait défaut, la saison des amours arrive-t-elle, pas de querelle, disons que s'ils avaient été des hommes, on aurait parlé à leur propos de complexe d'Œdipe, en les qualifiant de duo homo sur les bords. Il se peut aussi qu'ils n'aient pas accompli leur sevrage. En toute chose, ils voyaient une mère en ma femme et ne la quittaient pas d'un pas, alors même qu'ils avaient chacun dix ans passés, et il n'était pas de nuit qu'ils ne dorment auprès d'elle.

Amenés par la force des choses à agir en groupe, ils s'étaient éloignés de leur nature primitive. Sur ce point, l'ex-sauvageon Charly se démarque des autres question nourriture comme comportement, par tempérament, dirais-je, ou par volonté, et à la saison du rut, sans un regard pour cette tante féline qui crèche sous le même toit, il vide dehors ses querelles, et en revient blessé.

C'est un chat japonais, il entre dans la catégorie des petits formats. Deux congénères vivent dans le voisinage, des gros gabarits, eux, des méchants, sur lesquels il marche résolument malgré l'écart flagrant de leurs constitutions. Je ne sais rien des blessures de ce duo-là, lui en tout cas a aujourd'hui la moitié d'une oreille déchirée, un œil crevé et une patte de devant impotente, dont il ne retrouvera sans doute pas l'usage normal. Nous avons trop tardé à le faire soigner. Il a donc pas mal morflé mais ne cesse pas pour autant de faire le coup de poing.

Les premiers temps, quand je l'entendais pousser son feulement si particulier, je sortais avec un parapluie à la main pour m'interposer, à présent je laisse faire, l'homme que je suis n'a pas à museler la combativité mâle de bon aloi de Charly. Et si une blessure doit lui être fatale, eh bien, ce sera sa destinée de félidé.

Lorsque je suis face à Zizi dans le jardin exigu, penché en avant tel le sumotori prêt à bondir, mise en joie, elle adopte la même pose et, à mon assaut, file prestement sur le côté, opère deux ou trois tours de jardin et revient vers moi à la même allure, sur quoi je la saisis à bras-le-corps et la renverse au sol, et elle de me lécher le visage en signe qu'elle s'avoue vaincue. Si je relâche ma prise, elle se redresse aussitôt, passe derrière moi qui me sens un peu las, me donne quelques coups de truffe dans le postérieur puis, lorsque je me suis retourné et lui fais face, se ramasse pour bondir, toute jubilante, grogne de mécontentement si je l'ignore.

Quand ils étaient petits, je passais beaucoup de temps à jouer avec les chats, mais Neige, fragile et petit, était le seul qui, même une fois devenu adulte, bondissait volontiers sur le hochet-aux-chats que j'agitais, les autres manifestent une indifférence totale, uniquement préoccupés à mener la vie dure à leur maître pour réclamer : « Laisse-moi sortir », « Laisse-moi entrer ». A côté de cela, capricieux en diable, ils se frottent contre vous, se font caressants du corps et de la voix, et si, étourdiment, j'y réponds en les soulevant dans mes bras, ils griffent, se débattent puis se carapatent. Il ne se passe pas de jour sans qu'au moins une fois je les regarde dans les yeux et leur jette : « Faudrait peut-être savoir ce que vous voulez ! », ce qui, tout compte fait, ne m'apprend rien. S'ils ne montrent pas le moindre intérêt pour les oiseaux, ce n'est pas tant parce qu'ils ont perdu leur caractère sauvage que parce qu'ils ont à manger tant et plus. Il est bien probable qu'attraper moineaux ou souris et les dévorer à belles dents soit plus sain, boîtes et croquettes n'étant pas, quoi qu'on dise, ce qu'on fait de mieux en matière de nourriture équilibrée. Mais plutôt que de devoir chercher sans cesse sa nourriture la faim au ventre et les nerfs à vif, le fait d'avoir l'estomac plein sans effort aide sûrement à vivre plus longtemps, même si cela s'écarte du mode de vie traditionnel. En contrepartie, peut-être pourrions-nous attacher moins d'importance aux questions du genre engrais chimiques, cultures biologiques ou circuit court.

Ce qui me fait attribuer la pleine qualité de chats à ceux qui vivent sous ce toit, c'est que les himalayens comme Charly se sont enivrés à l'herbe-aux-chats que je leur ai donnée, ils m'ont fait penser aux ivrognes qui trouvent plus rapide de plonger dans leur verre que de le porter à leurs lèvres, et ils sont en ce moment sur le flanc pour un petit somme. Le tiroir de mon bureau recèle en permanence de cette denrée, histoire de les amadouer, sauf que je n'attends rien en retour.

Mes affinités animales

Derrière la porte vitrée, Charly miaule des « Laisse-moi entrer ». Lorsque je lui ouvre, il entre en m'adressant un salut oral.

Si, à ce moment, je le prends dans mes bras, il y reste l'espace de quatre ou cinq secondes, tout son corps raidi, puis il tend nerveusement les quatre pattes comme pour résister à un ravisseur, n'hésite pas à m'enfoncer ses griffes dans les mains, enfin se débat pour s'échapper.

Je le repose au sol. Alors, il se frotte contre mes jambes, fait un mouvement en direction de la cuisine où il sait que se trouve sa pitance, sans oublier toutefois de se retourner pour s'assurer que je le suis bien, et si je ne décolle pas de mon bureau, il me relance avec ce que je traduis par un « Suis-moi ».

Il ne me reste plus qu'à m'exécuter, ce que je fais d'un pas léger. Là, aucune surprise ne m'attend. Ses aliments à lui sont de nature radicalement différente de ceux des himalayens, et sa part est là.

Des deux autres, je dirai qu'ils ne connaissent pas les bonnes manières, leurs heures de repas sont fluctuantes, au gré de leur caprice. Charly, lui, c'est matin et soir à satiété, c'est-à-dire que chinchard séché, carcasse de saumon, éventuel sashimi offert par je ne sais qui, finissent tous dans sa panse. Pour l'heure, il est couché à l'endroit le plus frais du couloir, là où passe le souffle du vent. Lorsque ma fille cadette, mariée et vivant à Takarazuka, nous fait une visite, il se tient sur ses genoux, la docilité même, immobile ; je ne peux lire dans ses pensées mais il faut croire qu'il se dit qu'être invariablement rembarré, c'est mon destin, et que je me suis fait une raison.

J'ignore ce qu'il entend par destin, mais il a les yeux mi-clos, l'air d'être prêt à tout supporter, d'avoir décidé une fois pour toutes qu'il lui en cuira s'il s'avise de se rebiffer ; bref, je me berce de l'illusion que moi, il sait qu'il peut m'avoir aux sentiments et faire l'enfant gâté.

Pourtant, les moments où je passe le peigne fin dans ses poils courts sont les seuls où il reste allongé, immobile, en réalité raide de la tête à la queue, et quand je le change de position, il n'a pas cette souplesse toute féline, ses yeux sont grands ouverts, signe, semble-t-il, qu'il est tendu.

Lorsque c'est ma femme qui opère, il ronronne, se fait joueur. Que suis-je donc pour lui, au fond ? Il réclame à manger, manifeste sa volonté à tout propos, n'a de cesse qu'il n'ait obtenu satisfaction. Pour autant, bien qu'il ne s'oppose pas à ce que j'attends de lui, il s'y plie à contrecœur. En colère, ma femme et les filles haussent le ton, contrairement à moi qui jamais n'ai de geste brusque ni n'élève la voix. Même en plein coup de feu, je crois pouvoir affirmer que je reste bienveillant envers l'ensemble des êtres vivants, et pourtant, cette coquine de Zizi s'y met elle aussi, me mène la vie dure tant qu'elle peut et ne m'obéit pas.

Moi à qui la chance ne sourit pas auprès des femmes, il se pourrait que je n'aie pas d'atomes crochus avec les bêtes non plus.

Cependant, cela a ses bons côtés. Chacune des femmes de la famille est à cette saison la proie des moustiques, des puces héritées de nos bêtes, et le fait savoir à grands cris. Moi, non.

Faisons la bêtise de le piquer et nous pourrions bien tomber malades, fait peut-être dire à ces bestioles leur instinct d'être vivant, et elles me laissent en paix. Enfant déjà, je me blessais fréquemment, mes plaies ne manquaient jamais de suppurer, en revanche, je ne sais guère ce qu'est une piqûre d'insecte.

Depuis quelque temps, six perruches fréquentent les mangeoires. En pareille saison, les oiseaux ont a priori amplement de quoi manger dans la nature et négligent notre jardin, néanmoins, l'urbanisation n'épargnant pas notre banlieue, on dirait que lombrics et insectes ont disparu, si bien que, tout au long du jour, nos mangeoires ressemblent à de petites volières à ciel ouvert, même si les espèces y sont moins variées.

Cela fait un moment que les oiseaux, et tout particulièrement ces perruches, ont fait leur apparition, et ma femme (mais elle n'est pas la seule) vient les admirer depuis mon bureau ; elles ne fuient pas à son entrée, et si elles passent vivement sur une branche de l'arbre le plus proche, elles ne tardent pas à revenir près des graines.

Cela n'arrive pas avec moi. Après m'être renseigné par-ci par-là, je me suis procuré un assortiment de la nourriture préférée de ces petits oiseaux et j'en dispose matin et soir, en plus grande quantité quand je dois m'absenter, et si j'ai oublié ou que je n'ai rien sous la main, je peux voir mes six perruches qui contemplent sans bouger les mangeoires vides, et, pris de pitié, il m'est arrivé de sortir sous la pluie pour aller racheter ce qu'il fallait.

Manque de chance, ma sollicitude reste parfaitement ignorée ; j'aurais la solution de me métamorphoser en statue de pierre dans mon bureau, mais à la place où je suis assis, si je tends ne serait-ce que la main pour téléphoner – ne parlons pas de me lever –, ce simple geste suffit à les faire s'égailler dans la plus grande précipitation.

Balourdise, ou simplement manque de don, si je mouille ma ligne avec des amateurs dans mon genre taquinant le goujon, ils ont au moins une ou deux prises, et moi je rentre bredouille. Gamin, je n'ai jamais été fichu d'attraper le moindre insecte dans la nature, mes petits camarades partageaient avec moi leurs captures, libellules, papillons ou abeilles.

Il n'empêche, c'est avec la pitance que je leur prépare que Charly, les himalayens et Zizi se régalent le plus.

Pour parler comme qui dirait un champion en performances culinaires, je suis assez doué pour faire à manger aux chiens, aux chats et aux oiseaux sauvages ; ces derniers mis à part, chaque jour qui vient, je leur prépare du nouveau, jamais le même menu, pas question de recourir aux boîtes ou croquettes que j'ai sous la main, même si j'ai pris la précaution d'en constituer une réserve, non, tout est de ma main. J'y veille même pour les vagabonds qui se présentent sur le devant.

Je ne me soucie pas de savoir ce qu'ils n'aiment pas chez moi, mais le fait est qu'ils me détestent viscéralement et que je finis toujours par être traité comme un moins que rien. Une seule chose me sauve à leurs yeux, mes talents de cuisinier ; je m'imagine devenu, grâce à eux, maître-queux d'un souverain et vivant ma vie entière dans la solitude.

Certains, contrairement à moi, n'ont pas du tout ce genre de problème, et sont pourtant adorés. J'en connais, et quand il m'arrive de me promener en leur compagnie, les êtres vivants (ce qui inclut les humains de sexe féminin) viennent spontanément à leur rencontre et leur font les yeux doux. Si je les imite, les sourcils se froncent aussitôt, ou bien on montre les dents de colère. Si ce n'est pas de l'injustice ! ai-je envie de dire, c'est lamentable.

Juste à l'instant, Charly vient de passer à côté de moi, à mon bureau, et contemple derrière la vitre les oiseaux sur les mangeoires. Il balance un peu la queue, tend le cou, se met en posture de chasse, mais les volatiles n'en ont cure ; je m'arrête d'écrire, fais un geste du bras parce que je veux allumer une cigarette, et à la seconde, tous s'envolent.

Au moment de les servir, je l'avoue, j'ai grommelé à part moi, saisi par un vague remords de leur donner de la nourriture pour humains : « Mes gaillards, comme vous voyez, je vous rends le service de vous nourrir, mais soyez sûrs que si jamais les temps de pénurie reviennent, je vous boufferai en brochettes. » Ceci ne serait-il pas la conséquence de cela ? Sans compter qu'il fut un temps, la guerre finie, où j'ai aussi mangé du chien et du chat. La détestation dont je suis l'objet serait-elle une juste rétribution ?

Paroles d'ailurophile

Les essais qui traitent des chats sont les uns et les autres pleins d'intérêt.

Indépendamment de cette chronique, je me suis mis à en lire pour me faire une idée, et je leur ai trouvé je ne sais quoi de triste. La faute en incombe à ma médiocrité, mais en même temps, il me semble que les chats aussi sont en partie responsables.

Les chats qui vivent en compagnie d'amoureux des chats ont chacun leur personnalité, leur distinction, leur allure. La façon dont ils vivent est tantôt empreinte de noblesse, tantôt enfantine, et qu'on veuille bien me pardonner si je dis qu'ils sont plus intelligents que leurs maîtres, car ils me paraissent davantage connaître le monde ; dans mon idée, ils s'en tiennent continûment, et inébranlablement, à l'existence qu'ils se sont choisie, en marge des humains.

Du moins est-ce ainsi que sont décrits les chats qui figurent dans ces essais.

Qu'on ne voie dans ce jugement envers les auteurs aucune rancune particulière.

Des trois chats qui sont ici, je dirai qu'eux aussi sont, eh bien, « des chats ». Je prendrai un exemple, celui de Charly : il mange, il dort, il sort la nuit ; non qu'il aille jusqu'à me traiter comme un non-être, mais il donne à penser que je suis quelque pièce mobile du décor domestique, ou à la rigueur un serviteur taillable et corvéable à merci.

Le voilà qui, dehors, insiste pour que je le laisse rentrer, et si je me fais un peu vachard et feins de ne pas le voir, il prend l'air de dire « Ah, c'est comme ça ? » et disparaît, alors qu'il n'avait qu'à insister un peu, y mettre un soupçon de pathos, mais non. Ses prédécesseurs himalayens sont sur la table, en territoire conquis, où ils passent l'année à se vautrer, lui, pour rien au monde n'accepterait cette promiscuité, il se tient aplati sur le plancher.

Si, par quelque élan de commisération, je profite de l'absence des deux susdits pour le déposer sur la table, il se montre carrément mal à l'aise, se tortille, s'échappe et prend la tangente au trot.

Pareil pour les autres. Ainsi, Midori, censée être largement octogénaire si elle était des nôtres, ne trahit nullement son âge, bien qu'elle reste blottie au sol à longueur de journée. Sénilité ? me dis-je, pris de pitié en la contemplant, et c'est le moment qu'elle choisit, bien que dehors il pleuve, pour s'échapper par la porte de la cuisine laissée entrebâillée, et c'est moi qui, craignant qu'elle n'attrape la mort, pars à sa recherche et me fais tremper comme une soupe. Elle a fui la pluie sous un avant-toit en hauteur, et j'ai beau l'appeler, elle n'en descend pas.

Et ce regard, celui de quelque énigmatique vieille liseuse de bonne aventure, qui a l'air de deviner ce qui m'attend, et m'octroie son oracle: «Toi non plus, tu n'en as plus pour bien longtemps.» Comme je ne peux pas m'éterniser sous la pluie, je rentre, ce qui déclenche des cris retentissants, poussés non par une chatte mais par quelque chose qui ressemble plutôt à un crapaud.

Kurata n'est pas en reste: lorsqu'il passe dans mon orbite, il a le regard en coin, attentif à ce que je fais, sur ses gardes, il pousse un peu l'allure, la mine de celui qui craint d'être bouffé s'il baisse sa garde. Il a toujours été d'une nature fragile, je ne l'ai bien sûr jamais maltraité, lui ai toujours laissé faire ce qu'il voulait, jusqu'à ce fameux marquage où bon lui semble, pour lequel je ne lui ai jamais tenu rigueur. J'ai eu beau voir ainsi mis hors d'usage un texte que je venais enfin d'achever, j'ai reconnu, à la réflexion, que les torts étaient de mon côté.

Un manuscrit souillé de cette façon, direz-vous, il n'y a qu'à le laisser sécher, oui mais l'odeur et les taches restent. Si on l'envoie par fax, plus de problème d'odeur, c'est vrai, mais les taches n'en font pas moins un effet suspect, il faut tout réécrire. Et c'est alors, une fois le texte réécrit, que je découvre qu'il pourrait bien être meilleur que la version originale, et je suis reconnaissant au criminel de son manque de manières.

On voit ainsi que mes chats sont tout sauf affables.

Certains, que la mort a privés de leur cher animal, se lancent dans des récits d'un tragique à vous tirer les larmes ; d'autres ont le regard attentif à ses moindres gestes, admirent sans retenue cette créature magnifique « à la cheville de laquelle aucune autre n'arrive ».

Et moi dans tout cela ? Eh bien, mes chats, je les affectionne.

Et pourtant, quand j'en viens à parler d'eux, j'en arrive toujours à la même conclusion.

C'est moi qui me dévoue à sens unique, et si je veux bien admettre que ce soit dans l'ordre des choses, je m'estime aussi en droit de les voir esquisser un geste qui m'apporterait quelque consolation, eh bien, je t'en fiche !

Charly est dans le couloir, il dort, pattes jetées dans tous les sens, une pose qu'on apprécie lorsqu'il s'agit du Kikuchiyo d'Akatsuka Fujio mais qui en l'espèce est totalement dénuée de drôlerie, vu que mon zouave à poils est dans le plus complet abandon et c'est tout. Pendant ce temps, sur la table de la cuisine, Midori s'incruste, l'air revenue de tout en ce bas monde, cela doit faire deux ou trois bonnes heures qu'elle est comme cela, je me demande ce qui lui arrive, si elle est encore une fois de mauvais poil, ma main se tend toute seule, alors elle siffle méchamment et sa queue fauche et renverse ce qui l'entoure.

En mon absence, Kurata se fait un devoir de pénétrer dans mon bureau et d'y laisser une flaque, où il ne se passe guère de semaines sans que je mette le pied dedans, et si ce n'était que cela encore ! Si j'ai eu le malheur de me déshabiller et de tout abandonner sur les tatamis, je les retrouve empestant au point que la honte me retient de les emporter à la laverie. C'est vrai, quoi, pour qu'on pense que je me suis oublié !

Que ne sont-ils un peu plus réfléchis, intelligents, attentifs à mon égard, même s'ils paraissent se moquer royalement du monde ; par exemple, lorsque j'ai une gueule de bois qui m'arrache des gémissements, ils pourraient témoigner d'un minimum d'inquiétude à mon endroit, pas grand-chose, juste histoire d'être aimables, mais non, rien de rien.

Cela dit, s'ils mouraient avant moi, il ne fait pas de doute que j'épuiserais les ressources de mon répertoire rhétorique dans un éloge dithyrambique sur eux, si extraordinaires, gentils, nobles de caractère, classieux, etc. A cette occasion, mon pauvre talent se ferait peut-être un peu plus brillant. Cela pourrait peut-être me valoir un prix, me dis-je, tandis que je me dévoue à mon trio dépourvu de toute ombre d'obligeance.

M'adressant ici à toutes celles et à tous ceux qui écrivent sur leurs chers félins, je pose cette question : à cet instant même, vos chats sont-ils vraiment les anges que vous dites ? Je suis, pour l'heure, dévoré par les puces, je me roule de douleur sur les tatamis. Les puces de nos chats, ma femme les leur enlève avec le plus grand soin. Les miennes, personne ne s'en soucie. Oui, pauvre de moi !

Ma fréquentation des chiens et des chats

Des spécialistes divers ont écrit à propos des chiens et des chats qu'ils élevaient. Si on laisse de côté l'aptitude à écrire, n'importe qui ayant atteint la quarantaine ou la cinquantaine a acquis assez d'expérience pour pouvoir donner matière à un roman complet.

Dès lors qu'il s'agit de chiens et de chats, quiconque confie à l'écrit ses relations avec eux – passons sur les qualités littéraires – obtient un récit qui non seulement vaut la peine d'être lu, mais plus encore se montre plein d'intérêt. La plupart du temps, on y trouve une certaine dose d'emphase, une forte conviction, une empathie débordante ; si, assez souvent, le lecteur prend davantage de plaisir à lire ce qui transparaît de l'auteur que ce qui est dit de l'objet traité, pour ma part, ces compagnons de vie, ces amis irremplaçables que sont les chats et les chiens ainsi donnés à voir sont tous charmants et drôles, ont de la personnalité, sont bien souvent hauts en couleurs.

Mon premier chien Dada et mon premier chat Dada sont morts, le premier de maladie il y a vingt et quelques années, le second il y a plus de dix ans, parti à la recherche d'un endroit où mourir, et j'avoue me les remémorer encore aujourd'hui et me dire, devant leurs photos : « Ça, c'étaient des compagnons ! »

Quant à notre bouledogue Oscar, son faciès avait l'éternelle expression, propre à sa race, de la perplexité ; il appartenait à cette variété sélectionnée par les Anglais pour affronter les taureaux. Bien qu'il eût conservé l'aspect extérieur de ses ascendants, c'était un animal fragile. Ayant fait la moitié du tour du globe pour échouer dans ce pays qui est le nôtre, où, bien qu'il soit lui aussi un archipel, les relations aux animaux sont radicalement différentes, son déclin fut précoce. Nous avions vraiment l'impression d'être en présence d'un être vivant menacé d'extinction. Vers le début de sa seconde année, son bel appétit et son comportement capricieux de chiot ont disparu, lorsqu'on quittait la maison en l'y laissant, il se bornait à nous suivre du regard, par contre, quand nous avions du monde, il n'aboyait pas mais, à la première seconde d'inattention, il se jetait contre le visiteur et le bousculait. Probable penchant atavique qui devait remonter à plus d'un siècle, à l'époque où ses congénères affrontaient les féroces taureaux, la pauvre bête. A quatre ans, il a été atteint de filariose, on le traitait à coups de médicaments, mais qu'il ne supportait probablement pas car il a été à deux doigts de mourir, à la suite de quoi nous avons dû cesser ce traitement. Il nous a fait un épanchement de liquide abdominal, a subi deux ponctions, puis nous avons laissé la nature suivre son cours, je l'ai couché dans le couloir près de mon bureau, un oreiller sur sa poitrine car il avait de la peine à respirer, j'en étais même à envisager de lui inhaler de l'oxygène, quand il est mort. Il a soulevé sa grosse tête qu'il appuyait sur l'oreiller, le regard tourné non vers moi mais vers l'autre côté de la porte vitrée, l'a laissée retomber lourdement et n'a plus bougé.

Outre ces trois-là, j'en ai élevé au total une bonne dizaine qui, tous, me faisaient l'effet d'être une présence, là, sans plus, mais il se peut que la fibre communicative me fasse défaut. La chienne qui vit ici actuellement, Zizi, déteste être seule à un point difficilement imaginable, tourne-t-on au coin du portail qu'elle en a pour une demi-heure avant de s'arrêter de hurler, au grand dam du voisinage. Elle possède une chose que nos chiens précédents ne possédaient pas, un odorat extrêmement subtil. Quand je rentre par la rue toute en zigzags qui emprunte les anciennes bordures de rizières et que j'arrive à quelque soixante-dix ou quatre-vingts mètres de la maison, elle ne manque jamais d'aboyer, alors qu'elle ne m'aperçoit pas du tout. Autre exemple : qu'elle distingue notre voiture au bruit de son moteur n'a rien d'extraordinaire, mais le résultat est quasi identique lorsque je rentre en taxi. Je suis dans l'habitacle hermétiquement clos, et je ne vois pas en quoi les gaz d'échappement ou je ne sais quoi pourraient exciter son ouïe ou son odorat et l'avertir que son maître – ou faut-il dire son esclave ? – est de retour. Et ce n'est pas une fois que le taxi est arrêté et moi descendu, non, nous roulons encore ! Je ne l'ai pas moi-même remarqué, c'est quelqu'un de la maison qui, intrigué, l'a bien observée et a découvert que c'est généralement quand le taxi se met à rouler lentement que Zizi commence à donner de la voix ; après que je suis descendu à différents endroits pour en avoir le cœur net, il est devenu clair que c'est lorsque la portière s'ouvre et que je sors, soit vers sept ou huit mètres, qu'elle prend une voix mourante, quand ce n'est pas chargée de rage.

Là se borne à peu près ce dont elle est capable. Le reste étant de fourrer sa truffe à hauteur de bassin de toute visiteuse. Un jour que je recevais une nouvelle éditrice, celle-ci a été accueillie de cette façon et s'est écriée : « Vicieuse ! » Je veux bien que la fautive soit Zizi, malgré cela le mot ne m'a pas plu, si bien que notre entretien n'a pas eu de suite ; au moins aurait-elle pu se contenter d'une exclamation d'indignation.

Quant aux trois chats, on ne fait pas plus rébarbatif, même si pour eux cela semble naturel.

L'ex-vagabond Charly ne montera pour rien au monde sur la table de la cuisine, mais si je suis en train de manger un poisson séché ou du sashimi, il se dresse sur ses pattes arrière, sans réclamer, il fixe longuement ma bouche et, s'il voit qu'il n'obtiendra rien, il va se blottir dans un coin. Les deux himalayens ne font pas ce genre de chose. La vieille Midori, qui a perdu beaucoup de son appétit, m'oblige à porter à sa bouche tout ce qui est blanc de poulet ou bonite mi-séchée, sans quoi elle n'avale rien. Le plus clair du temps, elle se tient à sa place, toujours la même, dans le couloir ; nonobstant quoi, elle sort de la maison à peu près une fois par semaine, je la suppose alors en forme car elle trottine d'un pas vif et grimpe sur le mur du jardin, c'en est même encourageant, sauf que revenue à l'intérieur elle a déjà tout de la chatte à l'agonie, ce qui ne l'empêche pas, si Zizi entre, de la menacer régulièrement d'un sifflement, ce que l'autre ne paraît pas supporter du tout et, comme au temps où elle était un chiot, elle vient se réfugier derrière l'un de nous. Pour Kurata, ni le lieu ni le moment n'importent quand il s'agit de se livrer au marquage de son territoire, encore que dans son cas il s'agisse d'une volonté délibérée à l'encontre, essentiellement, de ce qui compte le plus pour ma femme, je veux dire sac à main, musicassette, partitions, ou encore chargeur de portable, magnétophone, appareil photo, qu'il asperge, non, qu'il inonde ! On imagine qu'il s'est longuement retenu jusqu'à découvrir l'objectif convoité sur lequel se soulager, bref, impossible de laisser quoi que ce soit sur les planchers ou les tatamis.

On conclura de cela que l'ordre règne dans la maisonnée, et on aura tort, car tout étant entassé à des hauteurs hors de portée du jet de Kurata, les éboulements succèdent aux éboulements, c'est le remue-ménage à longueur d'année.

S'il fallait nous mettre à nous soucier de «désinfecter», alors il faudrait considérer la maison comme un monument d'insalubrité. Tant Zizi que les chats y ont leurs entrées et en usent continuellement, leurs déjections sont désormais nettoyées juste assez pour sauver les apparences, et merde à la désinfection.

Cafards qui s'affairent sur les restes de nourriture, fourmis qui les rejoignent avidement, moustiques qui volettent tout autour. Un besoin compulsif me saisit parfois, je m'empare d'un torchon pour nettoyer, mais moins d'une demi-heure après, je me retrouve Gros-Jean comme devant. Un regard sur le plancher me révèle des traces énigmatiques, que je me vois contraint de gratter avec un morceau de métal, avec d'infinies précautions pour ne pas rayer le bois. Le matériau du plancher ne me plaît pas, mais je dois tout de même dire qu'il est bien pratique pour qui a des animaux de compagnie. Ayant été très éprouvée dans son ensemble, la pièce de huit tatamis qui fait office de salon – véranda, *tokonoma* décoratif, étagères asymétriques, brasero en paulownia, commodes – a été quelque peu retapée, ses cloisons condamnées, du coup, la moisissure s'y est mise.

Est-il possible d'avoir de pareils propres à rien, pire, pareils lascars à pattes, et aussi difficiles à nourrir que les nôtres ? Mais enfin, grâce à eux, la sérénité règne dans la maison, et les nourrir, nettoyer leurs déjections, et surtout promener Zizi sont les jalons de mes journées. Sans eux, ma femme et moi n'aurions rien à nous dire et nous trouverions le temps long.

Pour plus de sûreté, car ma femme est de sortie, je suis allé jeter un œil sur la chienne et le trio. Zizi est assise sur le toit du garage, l'air d'attendre sa maîtresse, et de son perchoir, peut-être parce que la hauteur lui fait éprouver un sentiment de supériorité, elle n'octroie pas un regard à ses semblables qui passent devant le portail ; vue d'en bas, elle qui couine comme un chiot pour réclamer qu'on lui ouvre, elle a l'aspect d'une magnifique statue ; son compère Charly goûte à un sommeil de plomb dans le couloir, Midori a daigné relever la tête au bruit de mes pas. Ses yeux sont noyés de larmes, l'âge probablement. Kurata est assis en équilibriste sur la palissade de l'étendoir, d'où il lorgne les perruches sur les mangeoires en contrebas, et moi, je ne sais quoi me fait murmurer : « Tâchez de faire de vieux os, tous », avant de regagner ma place devant mon bureau. Les êtres vivants, et les humains en font partie, évoquent fréquemment dans leur cœur ce genre de murmure. De fait, ces derniers temps, ceux qui sont nés avant la guerre ont une fâcheuse tendance à nous quitter.

Security cat

L'automne est là, notre doyenne Midori a nettement repris du poil de la bête. Son âge ? Je pose souvent la question à ma femme, mais j'oublie à chaque fois. Elle est née ici, y a vécu dix années et plus, nous a fait à trois reprises une maladie sérieuse, la grippe attrapée au printemps de l'an passé m'a fait craindre le pire ; pourtant elle a enterré trois cadets, et elle est toujours là. Son corps a rapetissé, ses yeux sont désormais perpétuellement humides, mais en dépit de cela, elle ne fait pas chatte d'âge canonique : le temps est-il au beau, elle sort, l'été, elle s'allonge à l'ombre d'un arbre du jardin, sous les caresses de la brise, trottine sur le haut du mur, s'assoit dans une pose hiératique sur le toit du garage des voisins, saute au sol avec légèreté depuis cette hauteur pourtant non négligeable.

Les vieillards japonais, et j'en suis, sans conteste, me paraissent tous alertes. Les femmes surtout, chez qui s'ajoutent vaillance et audace, et dont le comportement, à mes yeux volontiers ôte-toi-de-là-que-je-m'y-mette, accrédite ce que j'ai pu voir, la guerre finie. Quand je songe à cette sexagénaire lourdement chargée venue depuis Chiba vendre sa marchandise au milieu de la pagaille généralisée qui régnait alors, à cette veuve ayant quitté sa cuisine pour affronter la foule d'un train comble puis d'un autre pour rapporter dans son sac à dos de quoi manger… C'est grâce à leurs actions que la mort par inanition a été épargnée aux enfants alors en pleine croissance. S'en serait-on remis aux autorités, des centaines de milliers d'entre nous auraient souffert de malnutrition. A cette pensée, je me prends à souhaiter qu'en cas d'éventuelle menace d'un nouvel état d'urgence, ces dames énergiques écartent et bousculent de plus belle, et surtout gardent leur belle vigueur. Et qu'elles se croient tout permis, ce n'est pas moi qui leur en ferai le reproche.

De tous ceux qui vivent sous ce toit, humains compris, Midori est celle qui prend les airs les plus avantageux. Elle est la mère de Neige, de Kurata et d'une bonne dizaine d'autres, mais cela s'arrête là, il ne faut rien lui demander de plus. Je veux bien admettre que ce soit faire fausse route que d'attendre quelque chose d'un chat, n'empêche, elle ne fait jamais de chichis ni ne vous réclame quoi que ce soit. Si la nourriture lui déplaît, elle ne mange pas, un point c'est tout. Veut-elle entrer, elle ne le fait pas savoir, elle se contente de rester assise sans bouger devant la porte. Si, une chose, tout de même : son antipathie pour Zizi, toujours aussi affirmée, même lorsqu'elle était malade, la vue de son ennemie la faisait souffler à pleins naseaux, menaçante.

Charly s'est pris, voici peu, à adopter un curieux comportement. On trouvera étrange que je dise de lui qu'il est notre protecteur, à ma femme et à moi, seuls ici depuis que l'aînée a convolé et que la cadette habite à Takarazuka, et pourtant, ce sont ses miaulements et son chahut qui, il y a quelque temps, ont réveillé ma femme qui s'était assoupie, risquant du même coup de manquer un rendez-vous.

J'ai personnellement fait par deux fois la même expérience. J'étais resté à travailler jusqu'à quatre heures du matin, et comme je devais quitter la maison à six, je m'étais allongé en prenant bien garde de ne pas m'endormir si tard, et pour cela j'avais pris le journal du matin et commencé à le lire, couché, mais je me suis endormi. C'est alors qu'une drôle de sensation contre mon flanc droit m'a éveillé, et que j'ai découvert mon Charly en train de me presser alternativement le côté de ses pattes avant.

On dit qu'un chat séparé de sa mère à la naissance garde le geste de masser les mamelles, même à l'âge adulte. Une dame de ma connaissance m'a dit un jour d'un air ravi : « Je vais vous dire, mon petit Mike chéri, il me masse les épaules. » Bref, en termes de psychologie humaine, ce chat n'avait pas acquis son autonomie. Chez les humains, cela n'apparaît pas sous forme d'un acte aussi lisible, nous l'intériorisons. C'est une manière pour les chats de déstresser. Mais ce que je dis là n'est qu'un prétexte, il se peut que l'interprétation de cette chère dame ait été la bonne.

Quoi qu'il en soit, ce petit massage m'a permis d'être à l'heure pour prendre mon train. Et cela par deux fois. Mieux encore, j'avais oublié sur le feu la casserole où je me faisais chauffer de la soupe et elle commençait à attacher, lorsque Charly s'est approché et a fait tout un raffut. M'imaginant qu'il avait faim et connaissant son appétit plutôt féroce, je suis allé à la cuisine où j'ai découvert le désolant spectacle dans le fond de la casserole. C'est probablement la mauvaise odeur qui l'avait intrigué. Mais que dire de la fois où ma femme, ayant glissé sur le sol de la salle de bains, s'était cogné la hanche et se tordait de douleur, et Charly, qui cette fois était grimpé sur mon bureau, s'est mis à émettre des sons indescriptibles, comme pour me prévenir de quelque chose. Riche du précédent de la casserole, je suis derechef parti en inspection et j'ai découvert ma chère moitié affalée sur le sol, gémissante. Pareil comportement n'est pas rare chez les chiens. Dada, le colley que nous avions il y a trente-cinq ans, méritait littéralement le nom de *security dog* tant il avait le chic pour nous alerter au moindre événement anormal. Avions-nous une scène de ménage qu'il s'interposait, se couchait à nos pieds et se mettait bientôt à trembler de tous ses membres. Ce chien de belle taille, dans notre pavillon vieux et déglingué de partout, cela créait la sensation d'un tremblement de terre, notre prise de bec prenait fin par des rires. Il était notre dieu lare fait chien.

La place de prédilection de Zizi est le toit du garage. Charly est sur son mur en pierres d'Oya, parfaitement sourd aux aboiements que lui adresse de temps à autre un chien qui passe sur le devant, non plus qu'aux provocations d'un congénère. Seuls les corbeaux attirent son attention, bien qu'ils aient bien diminué récemment, il n'en reste que deux qui s'intéressent aux mangeoires. Leur taille et l'épaisseur de leur bec me font dire que la partie est loin d'être égale pour Charly, cependant, ils ont une attitude hésitante devant cette tête féline qui pivote au gré de leurs mouvements ; je ne doute pas que pour la gent ailée, les félidés soient une espèce à craindre tout particulièrement, mais en dépit de cela, les perruches qui pourtant ne font plus que des visites épisodiques aux mangeoires, les moineaux rassemblés à plus d'une centaine, et je ne cite que les plus nombreux, tous font fi de Charly comme de Midori, allongée sur la pelouse. Kurata, lui, répugne à sortir. J'ai beau me mêler de ce qui ne me regarde pas, le héler d'un « T'es un mec, bon sang, bouge-toi, va donc un peu au baston » et l'emmener sur la pelouse, il a tôt fait de revenir, son domaine à lui se circonscrit à l'étendoir. C'est le plus doué au saut, qu'il exécute sans donner l'impression de forcer, il peut bondir avec aisance jusqu'à un mètre de haut. Charly a une solide ossature, une musculature ferme, mais la souplesse n'est pas son fort, il n'aime pas sauter, que ce soit vers le haut ou vers le bas. Comme il ne monte jamais à l'étage, nouvelle initiative importune de ma part : persuadé que son attitude face aux deux anciens était de la réserve, je l'ai porté en haut et là, surprise, il est redescendu d'une démarche craintive, ce n'est qu'en bas qu'il s'est laissé aller à se poser sur le derrière et s'est figé dans cette posture, en clair : il a le vertige.

Cette année, les typhons ont été nombreux. Une nuit de pluie et de vent, comme Zizi refusait de rester dans sa nouvelle niche et demeurait tapie devant l'entrée, je l'ai laissée entrer. Chose curieuse, alors que, si Midori n'y est pas, elle veut généralement entrer de force dans la cuisine, pour une fois que je l'y invitais, elle a pris un air contrit et s'est tenue rencognée dans le vestibule. Dehors, son brave copain Charly a manifesté qu'il désapprouvait cette intrusion, sans aller jusqu'à recourir à la menace, du moins l'a-t-il rapporté à ma femme et à moi. La première fois, je me suis demandé ce qui se passait et je l'ai suivi, pour finalement comprendre qu'il n'acceptait pas qu'elle soit dans l'entrée, il y avait infraction au règlement. Cela dit, au matin, j'ai retrouvé le protestataire endormi tout contre elle. A mon approche, qui a rectifié la position ? Zizi, bien sûr, Charly, lui, était couché ventre en l'air et n'a pas bougé d'un poil. Mais il savait pertinemment que j'étais là. Dans un tel cas, si je les observe tous deux un petit moment, il lève la tête, seulement la tête, et me regarde. Zizi, qui déteste qu'on la fixe ainsi, ne tarde pas à gronder, tandis que lui m'ignore royalement. Décidément, jamais je ne saurai ce que ces deux-là ont dans la tête.

Manekineko

A côté des chats d'intérieur et des chats errants, il en est également qui, sans être sauvages au point de mériter d'être appelés vagabonds, ne méritent pas non plus d'être traités de parasites, je veux parler de ceux qui, mâles ou femelles, se rendent utiles aux hommes à la place qu'ils ont eux-mêmes choisie.

Chez le droguiste de la rue marchande où je fais volontiers mes courses, je rencontre un vieux chat marron tacheté de noir, à la mine patibulaire ou peu s'en faut, constamment endormi sur la gondole où sont disposés détergents et autres produits bon marché, près de l'entrée.

Les amoureux des chats s'attardent spontanément pour le regarder et passer la main dans sa fourrure. Lui entrouvre les yeux, sa seule réaction, même caressé avec insistance. Un sourire apparaît sur les lèvres des clients: «Il est bien mignon. Il se porte bien, ma foi.» Et ceux qui le découvrent pour la première fois s'enquièrent en général de son nom et de son âge.

Le patron prend une mine dubitative pour répondre : « Ici, on l'appelle Gorô. Il doit avoir facilement plus de dix ans. » Mine incrédule des clients, forcément. Il poursuit : « Il s'amène tous les trois ou quatre jours, et il s'installe à cet endroit, sans complexe. Avec ça, il est aussi chez le libraire, près de la caisse, on dirait qu'il surveille la boutique, et aussi aux pompes funèbres, en face, dans la vitrine, même qu'il a l'air d'un chat en porcelaine. Enfin, bref, il est comme ça partout, sans bouger. »

Les premiers temps que Gorô faisait son apparition, le patron lui donnait les restes de repas, à présent, il est passé aux boîtes pour chats. L'animal n'est ni le chat du libraire ni celui du croquemort. Allez savoir pourquoi, il paraît qu'il s'est lui-même institué *manekineko*, et que c'est son gagne-pain. Quant à son antre, c'est une autre question, le lascar disparaissant vers le moment où la boutique ferme.

Je l'ai catalogué parmi les drôles de lascars, mais tout bien réfléchi, les chats de cet acabit ne sont pas si exceptionnels. Le magnifique animal dont je m'étais mis dans l'idée qu'il appartenait au marchand de vêtements, près de la gare, s'est lui aussi établi *manekineko*, et cela sur un vaste rayon d'action puisqu'il va s'installer sur le plancher de la boutique de confiseries, à la fenêtre de la blanchisserie qui fait saillie sur la rue, sur le devant du fabricant de tatamis ; cet autre, petit gabarit entièrement blanc comme neige, se tient pelotonné dans le panier du vélo d'une des boutiques où je l'aperçois, chez les marchands de riz, de thé, et à la papeterie. Dans ce dernier cas, le terme *manekineko* perd de son acception primitive de « chat qui attire le chaland », puisque les passants le hèlent et le caressent, en d'autres termes, il est la mascotte du quartier. Au demeurant, les uns comme les autres paraissent parfaitement à leur place. Comparés aux trois nôtres, ces sans-gêne accomplis, qui se dissimulent sous les combles, s'enfilent dans les sacs à provisions, vont d'un endroit à un autre, haut de mur ou place ensoleillée sur la pelouse, bref sont saisis d'une bougeotte incessante, à tout bout de champ en train de dicter leurs quatre volontés à leurs maîtres, à se faire ouvrir la porte vitrée, à réclamer à manger et, pour parler de moi, à me gêner quand je suis occupé à écrire, comparés à eux donc, c'est le jour et la nuit.

Serait-ce parce qu'ils étaient las de cette vie de chats errants, beaucoup plus libre mais faite d'inquiétude pour le lendemain, qu'ils en sont arrivés à cette existence ? Les uns et les autres ne sont plus jeunes. D'autre part, je suppose que quelqu'un prend soin d'eux car ils sont plus clean que notre trio maison. Et surtout, ils se tiennent tranquilles. Pourtant, il doit leur arriver d'avoir envie de regimber à toutes ces amabilités débitées par des gens qui ne leur plaisent pas ; mais non, ils sont sages comme des images. Ces *manekineko* ne sont pas si nombreux, mais ils font assurément de beaux sujets. Les chats que je dessine, il est vrai, je commence souvent par en prendre des photos que je me contente ensuite de reproduire sur le papier ; une fois, j'ai eu envie d'en prendre un pour modèle dans la devanture d'un magasin, mais, tête en l'air, j'avais oublié mon appareil.

Dans les logements provisoires accueillant les réfugiés à Kôbe, certains ont un chien ou un chat. Ils sont encore dans la nécessité de vivre là un quotidien du type camp de concentration. En majorité, ce sont des personnes d'âge moyen, les vieillards étant maintenant moins nombreux car ils ont été les premiers autorisés à déménager vers les HLM enfin mises à disposition, et donc seuls demeurent des hommes dans la quarantaine et la cinquantaine. Beaucoup commencent à boire dès le matin. Evidemment, les chiens ont chacun leur maître attitré, quant aux chats, il ne faut pas grand-chose pour voir en eux des vagabonds. Et s'ils n'ont pas le comportement des *manekineko* que je rencontre dans ma rue marchande, ils n'en traversent pas moins comme ça leur chante les pièces des habitations et, sans savoir ce qu'il en est réellement, je crois pouvoir dire qu'ils sont la meilleure source de consolation des locataires, après l'alcool.

Les chiens de ces logements provisoires se sont trouvés séparés de leurs maîtres par la catastrophe ; ils faisaient pitié, attachés à un arbre ou pelotonnés au fond d'une caisse au moment où les gens ont rejoint les refuges puis lorsqu'ils ont déménagé vers ces logements. Certains d'entre eux ont trouvé de nouveaux maîtres. Mais ils présentent des séquelles de traumatisme, sont constamment sur les nerfs, ou restent couchés, mous comme des chiques. Il est normal qu'un chien reste à l'extérieur, mais l'atmosphère autour de ces logements est bien froide, c'est un crève-cœur de les voir ainsi enchaînés ; j'ai voulu leur adresser quelques mots mais la réponse a été, soit de furieux aboiements, soit une complète apathie.

Avec la nouvelle saison, les chats sont près des dépôts de détritus, sur les emplacements des camps qu'on est en train de faire disparaître à un rythme accéléré, ou sous les voitures garées là. La nourriture ne manque pas, des aliments secs sont là en permanence, déposés à leur intention, j'ai pu le constater à maintes reprises. Durant la belle saison, j'en ai vu sortir d'un logis puis, après avoir vadrouillé un petit moment, franchir le seuil d'un autre laissé grand ouvert, à la manière des visiteurs à domicile. Il m'était bien sûr difficile de passer mon nez par la porte, mais je les imagine mettant du baume au cœur de leur maître, tout en veillant à ne pas être une gêne pour eux – une pensée qui leur est étrangère, j'en conviens.

Bien mieux que cette fameuse aide psychologique dont on nous rebat les oreilles, les chats que j'ai vus dans ces logements sont une présence consolatrice pour les habitants abandonnés ou tout comme, sauf que la vue d'un vieillard avec un chat dans les bras, ou se chauffant au soleil couché à côté de lui, n'est pas aussi attendrissante qu'elle l'est en situation ordinaire. C'est être parfaitement irresponsable que de parler ainsi, mais j'ai le sentiment que la présence de ces bêtes est une bonne chose. Mais qu'en sera-t-il une fois ces logements démontés ? Dans les appartements fournis par la municipalité, le règlement stipule qu'il est rigoureusement interdit d'avoir des animaux. Dans les secteurs où les maisons effondrées ont été rebâties très tôt – ce qui n'est pas le cas des immeubles publics –, les quartiers où s'alignent en rangs d'oignons les habitations totalement standardisées, il y a peut-être des chiens, mais je n'ai pas vu de chats. Et les arbres, dont on a constaté qu'aucun n'avait été jeté à bas en dépit de la violence de la secousse, brillent encore par leur absence dans les quartiers d'habitation déclarés « reconstruits ».

Le froid ne dissuade pas Charly de jouer les noctambules, il se moque même de quelques centimètres de neige, et j'en viens à m'inquiéter de son état de santé quand arrive la journée, tant il dort profondément. Relevé d'un bond en flairant une odeur de grillade, le coquin a gagné en aplomb, il tend maintenant la patte vers le poisson qui est dans mon assiette. Pour Midori, c'est comme s'il n'existait pas, mais Kurata le contemple en train de manger de bon appétit et avance la truffe. L'intéressé lui cède aussitôt sa place et se met à sa toilette.

De sa hauteur (elle est sur la table), Midori contemple.

Dans le voisinage, les chats errants sont en diminution. L'un s'est fait écraser par une voiture, les trois qui restaient de ce quatuor si mignon ont disparu. Il y a un moment que je ne vois plus les rivaux de Charly. Que sont devenues les perruches qui venaient parfois à plus de vingt sur les mangeoires ? Maintenant que nous avançons dans l'automne, les crapauds, que je n'avais pas repérés au début du printemps, sont là, à cinq ou six, et ce n'est pas pour me rassurer car ils me font aussitôt penser aux tremblements de terre.

Zizi, Charly et les himalayens

En promenade avec Zizi, je fais la rencontre de couples semblables au nôtre, maître et chien. Lorsque ce dernier est d'un petit gabarit, sa première réaction est de japper après ma compagne, dix fois plus lourde sinon plus, et de se démener pour tenter de bondir sur elle.

Se parerait-il pour l'occasion de l'autorité de celui qui tient la laisse ? Mais le maître se trouve parfois être du sexe féminin, ou d'un jeune âge. S'agirait-il alors d'une simple pose ? Si oui, s'il cherche querelle afin de prouver le respect dû à son maître, l'animal manque singulièrement de jugement, c'est le genre à ne pas faire de vieux os s'il se trouvait dans la nature.

Je veux bien qu'il faille éviter de mettre dans le même panier animaux d'intérieur et animaux sauvages, cependant, Zizi a elle aussi un comportement étrange, elle paraît encore plus indifférente qu'à l'accoutumée, et lorsqu'il s'agit d'un congénère aux proportions à peu près égales, elle lui jette un œil, grogne, quelquefois s'arrête, regarde l'autre poursuivre son chemin. En règle générale, avec des chiens de grande taille qui se croisent, rien de grave ne se produit.

Des chats qu'on promène comme on le fait avec son chien, j'en aperçois très rarement, la plupart du temps ces êtres agissent de façon isolée, en dehors de la saison des amours ils s'ignorent, ou mieux, on dirait qu'ils se débrouillent pour ne pas se rencontrer.

Charly choisit parfois l'impasse proche, où il n'y a quasiment pas de circulation, pour s'installer, en plein mitan. Dans le voisinage vivent un minimum de deux chats domestiques et un clochard, mais dernièrement je ne les vois pas. Quand je les vois tous les quatre (j'inclus Charly), c'est toujours celui-ci ou celui-là en solitaire, mais en observant mieux, je découvre les autres allongés sous un massif, sur l'étendoir au premier, comme quoi leur notion de territoire n'est pas si stricte qu'on le dit, et tout laisse à penser qu'ils ne veulent pas se croiser.

La façon dont Zizi et Charly se comportent l'un envers l'autre met en évidence combien la chienne est bonne pâte. Charly est en train de pousser des miaulements sur le seuil pour dire qu'il veut entrer. Zizi se joint alors à lui, d'une voix qui n'appartient qu'à elle. Peut-on extrapoler à l'ensemble de la race husky ? Oui, imaginons que nous sommes quelque part en Sibérie ou en Alaska où plusieurs chiens attelés tirent sur la neige un pesant fardeau, en suivant fidèlement les indications de celui qui mène le train. Cette activité commune permet de se rendre compte mutuellement de la situation de chacun, en établissant ainsi entre eux comme une forme de communication. Cela passe-t-il essentiellement par les aboiements ? J'ai eu des chiens de différentes races et je peux dire que c'est chez Zizi que le vocabulaire est le plus riche, et le plus intelligible aux humains. Sur le chapitre de l'expression corporelle, notre bouledogue Oscar avait un vaste répertoire.

Je saisis clairement que l'intervention orale de Zizi signifie : « Laisse-le entrer, allons. » Je laisse donc entrer Charly, et il arrive à Zizi de faire mine de lui emboîter le pas, à quoi l'autre répond dans la seconde par une pirouette, avant non de lui adresser la semonce sifflante si caractéristique de sa race, mais de se poser par terre juste devant elle et de lui lancer un regard noir. Si d'aventure Midori est présente, elle crache une ou deux fois, aucun doute, cela veut dire : « Oh, non, revoilà mes salopiots ! », avant de s'éloigner sans même se retourner.

De temps à autre, Charly dort dans la niche de sa copine. Celle-ci manifeste l'intention de réintégrer ses pénates, le découvre alors, plonge un bref moment la tête à l'intérieur, puis, renonçant, s'allonge devant l'entrée. En bon matou, l'autre n'aurait aucun mal à sauter par-dessus elle, mais non, il lui marche délibérément dessus et s'en va ; Zizi relève seulement la tête et regarde s'éloigner le malappris.

Car Zizi l'a précédé dans cette maison. Quand j'ai ramassé Charly, celui-ci était efflanqué, avait de la peine à mettre une patte devant l'autre. Elle le léchait volontiers, voyait sans se fâcher le nouveau venu mettre son nez dans sa pâtée, et cela alors même qu'elle était en plein repas, et elle lui cédait la place.

Comme je l'ai déjà dit, Charly n'a jamais cessé de garder une distance déférente vis-à-vis de ses prédécesseurs himalayens Midori et Kurata. Même si, au passage, il se prend un coup de patte de ce dernier, il ne se rebiffe pas. Avec Zizi, en revanche, qui fait pourtant aisément dix fois son poids, il lui plante ses griffes dans la face, en évitant bien sûr les yeux, quand bien même elle ne lui a rien fait. Elle a la face allongée, peu poilue, et cela lui a valu un jour une belle égratignure. Mais elle se relève et se contente de s'éloigner. Le voit-elle dans la rue faisant le gros dos face à un rival, elle se mue en aficionado et lui clame son appui.

Zizi est une femelle. C'est elle qui a découvert le pantelant petit Charly et il se pourrait bien qu'elle voie en lui quelqu'un à protéger. Elle n'a jamais eu de petit, et Charly a à peu de choses près le corps d'un husky de deux mois. Lui appliquerait-elle son instinct maternel ? A moins que ce ne soit qu'un jeu pour elle ?

L'automne a été doux mais il fait à présent un froid vif matin et soir, les himalayens sont tentés de s'allonger sur les panneaux qui couvrent la baignoire. Le temps que l'eau du bain garde sa chaleur, après le passage des maîtres. Charly n'y manque pas non plus, mais lui c'est une fois que l'eau a refroidi et que la salle de bains est plus froide que le reste de la maison.

Imite-t-il les himalayens ? J'ignore en quoi consiste le chauffage au sol, en station debout, on ne se rend compte de rien. Avec leurs pattes nues, les chats détectent parfaitement les endroits bien tièdes, et il est vrai que je perçois cette tiédeur en posant la main sur le plancher. Notre trio a très bien su se partager lesdits endroits, chacun s'est réservé le sien.

Pour ce qui est de la nourriture, Charly a déteint peu à peu sur les autres, qui réclament à présent poisson grillé et sashimi, et comme le fait de réclamer leur était inconnu jusqu'ici, j'en conclus que cette entorse au savoir-vivre leur est venue de Charly.

Bien que, de par son extraction sauvage, il ait toujours été d'une extrême méfiance, ce qui n'est pas pour surprendre, c'est lui qui se montre le plus imprudent pendant le sommeil. Les himalayens, qui n'ont jamais été victimes d'un quelconque ennemi, dont l'hérédité est censée avoir fait d'eux des bêtes « naturellement » tranquilles durant la nuit, s'en dorment pas moins toujours plus ou moins cachés, sont tentés de se fourrer dans un sac, la tête près de l'ouverture, et si je jette un coup d'œil à l'intérieur, j'ai un léger choc quand tout à coup mes yeux croisent un regard fixé sur moi.

Chez les humains, on évoque l'« hérédité » et l'« environnement ». Une théorie veut que caractère, façon de vivre, talents, etc. soient déterminés par la somme de ces deux facteurs. Zizi est en train de manger tous les kakis qu'elle peut atteindre. Charly, ces derniers temps, s'est mis à apprécier les algues *nori*.

Table

Achevé d'imprimé
à Barcelone par

BLACK PRINT

Dépôt légal : janvier 2018